Gerhard Neuner (Hg.,

Anta Kursiša
Carmen-Ileana Muntean
Lina Pilypaityte
Saida Schirinowa
Erna Szakály
Sara Vicente

Fit für Fit in Deutsch 1 und 2

Tipps und Übungen

Hueber Verlag

Quellenverzeichnis / Impressum

Umschlagfotos: Foto links: © mev/MHV; alle anderen Fotos: Susanne Probst, München
S. 7 und S. 92: Die Tante © mev/MHV
S. 18: Text und Foto „Freizeit-Land Geiselwind" mit freundlicher Genehmigung des Freizeit-Lands Geiselwind
S. 21: Sänger (2x) © mev/MHV, Café © mauritius images/Gilsdorf
S. 58: Text „Schnuppertag" mit freundlicher Genehmigung von www.schnuppertag.ch
S. 64, 104, S.114: Frau Möller © MHV-Archiv
S. 66: Foto und Text „Zoo-Schule, Zoo-Kurse, Zoo-Camps" mit freundlicher Genehmigung des Tiergartens Heidelberg
S. 71: Text „Brücken aus Nudeln" mit freundlicher Genehmigung des Goethe-Gymnasiums Kassel
S. 95: Inline-Skating © mev/MHV
S. 105: Text „Girls' Day" mit freundlicher Genehmigung des Kompetenz-zentrums Technik-Diversity-Chancengleichheit
S. 111 / S. 123: Hörtext zum Thema „Language-Train" mit freundlicher Genehmigung der Talenacademie Nederland, Hörtext zum Thema „Kauf-Nix-Tag" mit freundlicher Genehmigung von www.kindernetz.de

© BananaStock: alle Fotos von Jugendlichen auf S. 7, S. 22, S, 23, S. 24, S. 25, S. 62, S. 64, S. 65, S. 92, S. 96, S. 104, S. 114

Beratung
Frauke van der Werff, seit 1979 Mitarbeiterin des Goethe-Instituts, Mitautorin der Prüfungen für Schüler *Fit in Deutsch 1 und 2,* heute im Vorruhestand

Johannes Gerbes, seit 1989 Mitarbeiter des Goethe-Instituts, derzeit Leiter der Prüfungszentrale in Italien, zuständig für die Prüfungen des Goethe-Instituts im Rahmen der externen Zertifizierung an Schulen und Universitäten

Projektkoordination
Anta Kursiša

Das Werk und seine Teile sind urheberrechtlich geschützt.
Jede Verwertung in anderen als den gesetzlich zugelassenen
Fällen bedarf deshalb der vorherigen schriftlichen
Einwilligung des Verlags.

Hinweis zu § 52a UrhG: Weder das Werk noch seine Teile dürfen ohne eine solche Einwilligung überspielt, gespeichert und in ein Netzwerk eingespielt werden. Dies gilt auch für Intranets von Firmen und von Schulen und sonstigen Bildungseinrichtungen.

4. 3. 2. | Die letzten Ziffern
2011 10 09 08 07 | bezeichnen Zahl und Jahr des Druckes.
Alle Drucke dieser Auflage können, da unverändert, nebeneinander benutzt werden.
1. Auflage
© 2007 Hueber Verlag, 85737 Ismaning, Deutschland
Layout/Satz: Catherine Avak
Zeichnungen: Lyonn
Verlagsredaktion: Silke Hilpert, Hueber Verlag Ismaning
Druck und Bindung: Ludwig Auer GmbH, Donauwörth
Printed in Germany
ISBN 978–3–19–001870–3

Inhalt

Piktogramme

 Hörtext auf eingelegter CD mit Haltepunkt

 Platz für die Übersetzung in die Muttersprache

 Wertvolle Tipps für die Prüfung

 Exkurs zu Aussprache, Grammatik und Wortschatz

Hinweis auf Exkurs

Liebe Leserinnen und Leser,

wir möchten Ihnen als Lehrerin oder Lehrer mit *Fit für* Fit in Deutsch 1 und 2 **Arbeitsblätter** bieten, um Ihre Lernerinnen und Lerner gezielt auf die Prüfungen *Fit in Deutsch 1* (Niveaustufe A1) und *Fit in Deutsch 2* (Niveaustufe A2) vorbereiten zu können.

Die **Arbeitsblätter** sind nach den Prüfungsteilen gegliedert und decken alle vier Fertigkeitsbereiche ab: Hören, Lesen, Schreiben und Sprechen.

Information
Auf den Seiten **Information** erhalten Sie eine Beschreibung des jeweiligen Prüfungsteils.

Schritt für Schritt
Die Seiten **Schritt für Schritt** enthalten übersichtlich auf einer Doppelseite **Übungen**, die in Form von einfachen und klaren Arbeitsanweisungen Strategien und Lösungswege für die Prüfungsaufgaben aufzeigen. Die Arbeitsanweisungen und Tipps können Sie für Ihre Lerner übersetzen. Dafür steht Ihnen eine extra Zeile zur Verfügung.

Training
Die Seiten **Training** bieten **zusätzliche Aufgaben im Testformat** an und enthalten die Antwortbogen gemäß den Prüfungsvorgaben.

Am Ende finden Sie **Modelltests**, um die Prüfungen im Unterricht durchzuspielen.

Wir wünschen Ihnen viel Spaß bei der Vorbereitung auf die Prüfung.

Gerhard Neuner (Hg.)

Anta Kursiša
Carmen-Ileana Muntean
Lina Pilypaityte
Saida Schirinowa
Erna Szakály
Sara Vicente

Die genaue Beschreibung der einzelnen Prüfungsteile steht auf den Seiten **Information**.

Fit in Deutsch 1

Prüfungsteile

Schriftlicher Teil: Hier arbeitest du allein!	Hören	20 Minuten	
	Lesen	20 Minuten =	60 Minuten
	Schreiben	20 Minuten	
Mündlicher Teil: Hier sprichst du in einer Gruppe (max. 6 Personen).	Sprechen	15 Minuten	

Prüfungsteile in %

Punkte und Noten

60–50 = sehr gut

49–40 = gut

39–30 = befriedigend

29–0 = nicht bestanden

 **Du musst mindestens 30 Punkte erzielen!!!**

Fit in Deutsch 2

Prüfungsteile

Schriftlicher Teil: Hier arbeitest du allein!	Hören	30 Minuten	
	Lesen	30 Minuten =	90 Minuten
	Schreiben	30 Minuten	
Mündlicher Teil: Hier sprichst du mit einer anderen Person.	Sprechen	15 Minuten	

Prüfungsteile in %

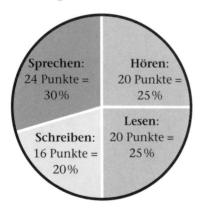

Punkte und Noten

80–68 = sehr gut

67–54 = gut

53–40 = befriedigend

39–0 = nicht bestanden

 Du musst mindestens 40 Punkte erzielen!!!

☞ Für den Prüfungsteil Hören hast du **20 Minuten** Zeit.

☞ Der Prüfungsteil Hörverstehen besteht aus **zwei** Teilen.

☞ Im **Teil 1** hörst du **drei Nachrichten am Telefon**.

20 Min.

Jede Nachricht dauert ca. 20 Sekunden. Du hörst jede Nachricht zweimal.
Zu jeder Nachricht gibt es **zwei Aufgaben** mit jeweils drei Antworten.
Nur **eine** Antwort ist richtig. Du musst die richtige Antwort ankreuzen.

Am Anfang hast du ein Beispiel.

Beispiel

0   Wer spricht?

a Die Tante.   ☒ Die Freundin.   c Der Bruder.

☞ Im **Teil 2** hörst du zwei **kurze Gespräche**.

Jedes Gespräch dauert ca. 30 Sekunden. Du hörst jedes Gespräch zweimal.
Zu jedem Gespräch gibt es **drei Sätze**. Die Frage ist: Sind die Sätze richtig oder falsch?
Du musst richtig oder *falsch* ankreuzen.

Am Anfang hast du ein Beispiel.

Beispiel

0   Leonie und David möchten essen.   *falsch*

☞ Deine Lösungen markierst du zuerst direkt auf dem Aufgabenblatt.
  Danach schreibst du sie auf den Antwortbogen.

Vor dem Hören

 Schritt 1: Schau dir die Bilder an und lies die Aufgaben und Antworten. Was ist das Thema?

> **Die Bilder und die Fragen sagen oft, was das Thema ist!**

1   Tanja und Petra besuchen Frau Schmidt

   a heute Nachmittag.   b morgen Vormittag.   c morgen Nachmittag.

 Schritt 2: Markiere die Signalwörter in der Aufgabe wie im Beispiel.

1   Tanja und Petra besuchen Frau Schmidt

   a heute Nachmittag.   b morgen Vormittag.   c morgen Nachmittag.

Beim 1. Hören

 Schritt 3: Welche Wörter in den Antworten hörst du? Unterstreiche sie wie im Beispiel!

> **Du musst nicht jedes Wort verstehen!**

1   Tanja und Petra besuchen Frau Schmidt

   a heute Nachmittag.   b morgen Vormittag.   c morgen Nachmittag.

Fit in Deutsch 1

Schritt 4: Du bist sicher, eine Antwort ist falsch. Dann streiche sie durch wie im Beispiel!

1   Tanja und Petra besuchen Frau Schmidt

 Das ist falsch!

[a] heute Nachmittag.   [b] ~~morgen Vormittag.~~   [c] morgen Nachmittag.

Beim 2. Hören

Schritt 5: Achte auf die unterstrichenen Wörter. Hör noch einmal und kreuze eine Antwort an.

   Achte auf dieselben und ähnliche Wörter!

 Die Antworten *heute Nachmittag* und *morgen Nachmittag* hören sich ähnlich an! Achte auf die richtige Antwort!

1   Tanja und Petra besuchen Frau Schmidt

[a] heute Nachmittag.   [b] ~~morgen Vormittag.~~   [X] morgen Nachmittag.

Nach dem Hören

Schritt 6: Hast du eine Antwort? Ja! Gut, dann mach weiter! Nein? Dann kreuze trotzdem eine an!

Jetzt du!

Achte auf die Schritte 1 bis 5.

2   Was bringt Tanja mit?

[a] Obst   [b] Blumen   [c] Schokolade

Du hörst Nachrichten am Telefon.
Zu jeder Nachricht gibt es Aufgaben.
Kreuze an: a , b oder c .
Du hörst jede Nachricht **zweimal**.

Nachricht 1

Lies die Aufgaben 1 und 2.

1 Wann gehen Viola und Antonia zum Konzert?

a Am 14. August.   b Am 4. August.   c Am 24. August.

2 Was müssen Viola und Antonia noch kaufen?

a Eine CD.   b Ein Geschenk.   c Karten.

 Jetzt hörst du die Nachricht am Telefon. Du
hörst die Nachricht **noch einmal**. Markiere
dann die Lösung zu Aufgabe 1 und 2.

Nachricht 2

Lies die Aufgaben 3 und 4.

3 Wo spielen Thomas und Markus?

a Auf dem Spielplatz.   b Im Park.   c Im Schwimmbad.

4 Sie treffen sich

a um 15 Uhr.   b um 5 Uhr.   c um 10 Uhr.

 Jetzt hörst du die Nachricht am Telefon. Du hörst die Nachricht **noch einmal**.
Markiere **dann** die Lösung zu Aufgabe 3 und 4.

Fit in Deutsch 1

Nachricht 3

Lies die Aufgaben 5 und 6.

5 Karin findet Berlin

|a| sehr gut. |b| sehr teuer. |c| langweilig.

6 Wie ist das Wetter in Berlin?

|a| Es ist sehr kalt. |b| Es regnet. |c| Es ist warm.

 Jetzt hörst du die Nachricht am Telefon.
Du hörst die Nachricht **noch einmal**.

Markiere **dann** die Lösung zu Aufgabe 5 und 6.

Nachricht 4

Lies die Aufgaben 7 und 8.

7 Was macht Georg am Freitag?

|a| Er geht ins Kino. |b| Er hat eine Prüfung. |c| Er ist zu Hause.

8 Georg hat wieder Zeit:

|a| nächste Woche. |b| am Freitag. |c| nächsten Monat.

 Jetzt hörst du die Nachricht am Telefon.
Du hörst die Nachricht **noch einmal**.

Markiere **dann** die Lösung zu Aufgabe 7 und 8.

Fit in Deutsch 1

Vor dem Hören

 Schritt 1: Lies die folgenden Sätze.
Was ist das Thema?

> Du musst nicht
> jedes Wort verstehen!

1 Hannah fliegt im Sommer nach London.   richtig   *falsch*

2 London gefällt Julius sehr gut.   richtig   *falsch*

3 Julius war auch im Sommer in London.   richtig   *falsch*

 Schritt 2: Markiere in den Sätzen
mögliche Signalwörter wie im Beispiel.

1 Hannah fliegt im Sommer nach London.   richtig   *falsch*

Beim 1. Hören

> Achte auf die Geräusche
> und Stimmen! Sie helfen
> dir beim Verstehen!

  Schritt 3: Welche Wörter in den
Sätzen hörst du? Unterstreiche sie
wie im Beispiel.

> Du musst nicht
> jedes Wort verstehen!

1 Hannah fliegt im Sommer nach London.   richtig   *falsch*

Beim 2. Hören

Schritt 4: Achte auf die <u>unterstrichenen</u> Wörter. Weißt du schon die Antwort? Hör noch einmal genau hin und kreuze an: richtig oder falsch.

1   Hannah <u>fliegt</u> im Sommer nach <u>London</u>.   ric✗tig   *falsch*

Achte auf ähnliche Ausdrücke! *Im Sommer* hörst du nicht. Du hörst aber *August*. Du weißt: August ist im Sommer.

Nach dem Hören

Schritt 5: Hast du eine Antwort? Ja! Gut, dann mach weiter! Nein? Dann kreuze trotzdem eine an!

Jetzt du!

Achte auf die Schritte 1 bis 4.

2   London gefällt Julius sehr gut.   richtig   *falsch*

3   Julius war auch im Sommer in London.   richtig   *falsch*

Du hörst Gespräche.
Zu jedem Gespräch gibt es Aufgaben.
Kreuze an: richtig oder falsch.
Du hörst jedes Gespräch **zweimal**.

Gespräch 1

Lies die Sätze 1, 2 und 3.

1	Silke und Peter haben schon Ferien.	richtig *falsch*
2	Silke fährt nach Italien.	richtig *falsch*
3	Peter arbeitet in den Ferien.	richtig *falsch*

 Jetzt hörst du das Gespräch.

Du hörst das Gespräch **noch einmal**.
Markiere **dann** für die Sätze 1, 2 und 3:
richtig oder falsch.

Gespräch 2

Lies die Sätze 4, 5 und 6.

4	Daniels Mutter braucht Butter.	richtig *falsch*
5	Daniel kauft 300 Gramm Käse.	richtig *falsch*
6	Daniel holt Milch, Kaffee, Butter und Käse.	richtig *falsch*

 Jetzt hörst du das Gespräch.

Du hörst das Gespräch **noch einmal**.
Markiere **dann** für die Sätze 4, 5 und 6: richtig oder falsch.

Fit in Deutsch 1

Gespräch 3

Lies die Sätze 7, 8 und 9.

7   Justina hatte eine gute Note in Mathematik. | richtig | *falsch*

8   Justina lernt immer viel für die Schule. | richtig | *falsch*

9   Marina hilft Justina in Mathe. | richtig | *falsch*

 Jetzt hörst du das Gespräch.

Du hörst das Gespräch **noch einmal**.
Markiere **dann** für die Sätze 7, 8 und 9: richtig oder falsch.

Gespräch 4

Lies die Sätze 10, 11 und 12.

10   Jan und Paul haben beide ein Blog. | richtig | *falsch*

11   Sehr wenige Leute haben ein Blog. | richtig | *falsch*

12   Jan möchte auch ein Blog. | richtig | *falsch*

 Jetzt hörst du das Gespräch.

Du hörst das Gespräch **noch einmal**.
Markiere **dann** für die Sätze 10, 11 und 12: richtig oder falsch.

Schreibe jetzt deine Lösungen auf den
Antwortbogen.

Familienname   _____

Vorname   _____

Hören

Teil 1			
1	a	b	c
2	a	b	c
3	a	b	c
4	a	b	c
5	a	b	c
6	a	b	c
7	a	b	c
8	a	b	c

Teil 2		
1	richtig	falsch
2	richtig	falsch
3	richtig	falsch
4	richtig	falsch
5	richtig	falsch
6	richtig	falsch
7	richtig	falsch
8	richtig	falsch
9	richtig	falsch
10	richtig	falsch
11	richtig	falsch
12	richtig	falsch

Fit in Deutsch 1

Fit in Deutsch 1

☞ Für den Prüfungsteil Lesen hast du **20 Minuten** Zeit.

☞ Der Prüfungsteil Lesen besteht aus **zwei** Teilen.

☞ Im **Teil 1** liest du **zwei Anzeigen**.

Zu jeder Anzeige gibt es **drei Fragen**. Zu jeder Frage gibt es drei Antworten.
Du musst **eine** Antwort ankreuzen.

Am Anfang hast du ein Beispiel.

Beispiel zu Anzeige 1

0   Das Treffen ist   ⊠ a am Freitag.
                                  b am Sonntag.
                                  ☒ am Samstag.

☞ Im **Teil 2** liest du **zwei Texte** über **Jugendliche in Deutschland**.

Zu jedem Text gibt es **drei Sätze**. Du musst oder ankreuzen.

Am Anfang hast du ein Beispiel.

Beispiel zu Beschreibung 1

0   Melina ist vierzehn Jahre alt. | richtig | | fal̶s̶c̶h |

☞ Wörterbücher sind **nicht** erlaubt.

☞ Deine Lösungen markierst du zuerst direkt in den Aufgaben. Danach schreibst du sie auf den Antwortbogen.

Anzeigen

Schritt 1: Schau dir nur den Titel, die Bilder, Zahlen und Hervorhebungen in der Anzeige an. Was ist das Thema?

Titel

Bild

Zahlen

Hervor-
hebungen

Freizeit-Land Geiselwind

Herzlich Willkommen im besten deutschen **Freizeit-Land Geiselwind** direkt an der **A3** zwischen Würzburg und Nürnberg.
Freizeitspaß für Groß und Klein:
Mehr als 100 Attraktionen, Shows und Tierpräsentationen.
Großer Spaß für kleine Preise: besonders billig für Gruppen!
Verschiedene Fahrattraktionen für jedes Alter!
Wir freuen uns den ganzen Sommer auf Ihren Besuch!

Du musst nicht jedes Wort verstehen!

Schritt 2: Lies den Text **schnell** durch. Stimmt deine Antwort bei Schritt 1?

Aufgaben

Schritt 3: Lies die Aufgabe. Was musst du im Text finden? <u>Unterstreiche</u> die Signalwörter in der Aufgabe wie im Beispiel.

1   Das ist eine Anzeige für
    a eine <u>Reise</u>.
    b einen <u>Freizeitpark</u>.
    c einen <u>Tiergarten</u>.

Schritt 4: Suche in der Anzeige die Signalwörter aus der Aufgabe und lies die Stelle genau.

- Gleiche Wörter, z. B. *Freizeit* (Aufgabe 1 und Text)
- Gleiche Bedeutung → nicht immer gleiche Wörter, z. B. *Freizeitpark* (Aufgabe 1) und *Freizeit-<u>Land</u>* (Text)

Welche Stelle ist wichtig für die Aufgabe? Markiere sie mit einer Nummer!

1

!

**Du kannst die
wichtigen Stellen im Text
mit der Aufgabennummer
markieren.**

Schritt 5: Du bist sicher, eine Antwort
ist falsch? Dann streiche sie durch!

1   Das ist eine Anzeige für   [a] ~~eine Reise~~.
                                    [b] einen Freizeitpark.
                                    [c] einen Tiergarten.

Das ist falsch!

Schritt 6: Vergleiche die anderen
zwei Antworten mit der wichtigen
Stelle im Text. Kannst du schon
antworten? Kreuze eine Antwort an!

1   Das ist eine Anzeige für   [a] ~~eine Reise~~.
                                    [⊠] einen Freizeitpark.
                                    [c] einen Tiergarten.

Jetzt du!

Löse die Aufgaben 2 und 3.
Achte auf die Schritte 3 bis 6.

2   Für Gruppen gibt es
    [a] extra Präsentationen.
    [b] kleine Preise.
    [c] billiges Essen.

3   Wann kann man ins Freizeitland kommen?
    [a] Das ganze Jahr.
    [b] Im Winter.
    [c] Im Sommer.

Schritt 7: Hast du eine Antwort? Ja!
Gut, dann mach weiter! Nein!
Dann kreuze trotzdem eine an!

Lies bitte die Anzeigen aus der Zeitung.

Anzeige 1

Markiere bitte die Lösung mit einem Kreuz.

Na ... schon fast Ferien?
... und noch keine Ahnung,
wo es hingehen soll?

Dann fahrt doch einfach mit GO TRAVEL in die Sonne
und ans Meer nach Spanien, Italien, Frankreich oder
Kroatien.
Unsere Jugendreisen in die europäischen Länder bieten
euch Action und Sport am Strand oder am Pool — ganz
wie ihr wollt ...

1 Das ist eine Anzeige für
  [a] Sprachreisen.
  [b] Ferienreisen.
  [c] Ferienjobs.

2 Die Reisen sind für
  [a] junge Leute.
  [b] Familien.
  [c] Kinder.

3 Was kann man machen?
  [a] Eine Sprachschule besuchen.
  [b] Am Strand arbeiten.
  [c] Spaß haben.

Anzeige 2

Markiere bitte die Lösung mit einem Kreuz.

Du willst arbeiten?
Wir helfen dir!!

Schuljahr zu Ende? Suchst Du einen
Job für die Sommerferien?
Wenn Du 14–17 Jahre alt bist und ein
bisschen Geld brauchst, können wir
Dir helfen. Unsere Agentur findet etwas
für Dich in Deiner Umgebung:
von Babysitting bis Küchenhilfe.
Wir beraten auch Deine Eltern.

Kontakt per Telefon oder E-Mail:
05 51/35 23 71,
jugendjobs@jobsuche.de.

4 Das ist eine Anzeige für
  [a] einen Kochkurs.
  [b] Ferienjobs.
  [c] eine Ferienreise.

5 Für wen gibt es Jobs?
  [a] Für Jugendliche.
  [b] Für Eltern.
  [c] Für Kinder.

6 Wann arbeiten die Leute?
  [a] In den Ferien.
  [b] Im Schuljahr.
  [c] Das ganze Jahr.

Anzeige 3

Markiere bitte die Lösung mit einem Kreuz.

Wer möchte bei uns mitsingen?

14. Juli 2005
Hi, wir sind drei Jungs (16 Jahre)
aus Berlin und suchen noch eine
gute Stimme für unsere Band.
Wir haben schon einen Gitarristen,
einen Bassisten und einen Schlagzeuger.
Kannst Du singen?
Dann komm doch mal vorbei!
Wir spielen Rock.
Wer Interesse hat oder Fragen, kann sich
melden.
Wir wollen Euch kennenlernen und
zusammen Musik machen!
Felix

1 Das ist eine Anzeige von
- [a] einer HipHop-Band.
- [b] einer Rock-Band.
- [c] einem Musiklehrer.

2 Die Band hat noch
- [a] keinen Bassisten.
- [b] keinen Sänger.
- [c] keinen Gitarristen.

3 Wer kann mitmachen?
- [a] Ein Mädchen.
- [b] Ein Junge.
- [c] Ein Mädchen oder ein Junge.

Anzeige 4

Markiere bitte die Lösung mit einem Kreuz.

Chill Out Café

Neu!! Neu!! Neu!! Neu!! Neu!!

Direkt an der Augustinerschule Friedberg
Ruhiges Ambiente für Entspannung und Lernen
In den Pausen und in den Ferien
Imbiss und Getränke · Internetcafé
Lernplätze für Gruppenarbeiten
Öffnungszeiten
von 11 bis 18 Uhr montags bis freitags
von 10 bis 16 Uhr samstags und sonntags

4 Das ist eine Anzeige für
- [a] eine Ferienreise.
- [b] eine Privatschule.
- [c] ein neues Café.

5 Man kann
- [a] Partys organisieren.
- [b] für die Schule lernen.
- [c] laute Musik hören.

6 Das Café ist offen:
- [a] nur in den Ferien.
- [b] jeden Tag.
- [c] nur am Wochenende.

Texte

Schritt 1: Schau dir nur das Bild an.
Gibt es auch Zahlen, Namen im Text?

Du musst nicht
jedes Wort verstehen!

Bild ⟶

Hallo, ich bin Anita. Ich
komme aus Ungarn und lebe
schon seit zwei Jahren in
Stuttgart. Mein Vater arbeitet
hier, er ist Physiker. Meine
Mutter ist Journalistin und
schreibt für eine ungarische Zeitung. Mein
Bruder und ich gehen noch zur Schule. Nach
der Schule möchte ich Medizin studieren.

⟶ Namen

⟶ Zahlen

Wer schreibt hier? _____

Schritt 2: Lies den Text **schnell** durch.
Was verstehst du? Kreuze an.

Schreibt sie/er über ☐ Familie?
☐ Freunde?
☐ Hobbys?
☐ ein Problem?
☐ Aufgaben?

Aufgaben

Schritt 3: Lies die Aufgabe.
Was musst du im Text finden?
<u>Unterstreiche</u> die Signalwörter in
der Aufgabe wie im Beispiel.

1   Anita <u>wohnt</u> in <u>Stuttgart</u>. | richtig | *falsch*

Schritt 4: Suche im Text die Signal-wörter aus den Sätzen und lies die Stellen genau. Vergleiche sie mit der Aufgabe.

 1 Hallo, ich bin Anita. Ich komme aus Ungarn und lebe schon seit zwei Jahren in Stuttgart. Mein Vater arbeitet hier, er ist Physiker. Meine Mutter ist Journalistin und schreibt für eine ungarische Zeitung. Mein Bruder und ich gehen noch zur Schule. Nach der Schule möchte ich Medizin studieren.

 Du kannst die wichtigen Stellen im Text mit der Aufgabennummer markieren.

 Manche Wörter sind gleich: z.B. *Stuttgart* (Aufgabe 1 und Text).
Manche Wörter sind unterschiedlich, sie haben aber die gleiche Bedeutung:
z.B. *wohnt* (Aufgabe 1) und *lebt* (Text)

 Schritt 5: Lies die Stelle noch einmal und kreuze an: richtig oder falsch.

1   Anita <u>wohnt</u> in <u>Stuttgart</u>.   rich̶t̶ig   *falsch*

Jetzt du!

Löse die Aufgaben 2 und 3.
Achte auf die Schritte 3 bis 5.

2   Anitas Mutter ist arbeitslos.   richtig   *falsch*

3   Anitas Bruder studiert Medizin.   richtig   *falsch*

 Schritt 6: Hast du eine Antwort? Ja!
Gut, dann mach weiter! Nein?
Dann kreuze trotzdem eine an!

Fit in Deutsch 1

In einer Zeitschrift findest du Texte
über Jugendliche in Deutschland.
Lies bitte die Beschreibungen.

Beschreibung 1

Ich heiße Tina Berger, bin
15 Jahre alt und wohne in
Frankfurt mit meinen Eltern.
Das ist auch mein Problem!
Ich telefoniere ganz gerne
mit meinem Handy. Und ich
schreibe sehr viele SMS. Meine Eltern sind
unzufrieden, sie meinen, es ist zu teuer. Aber
ich habe ganz viele Freunde, ich muss manchmal
mit ihnen sprechen! Warum verstehen sie
das nicht?

Beschreibung 2

Mein Name ist Christian, ich
bin 16 Jahre alt. Ich wohne
noch bei meinen Eltern, aber
ich möchte nach der Schule
ausziehen. Meine Eltern sind
sehr nett, nur manchmal
verstehe ich sie nicht. Zum Beispiel: Ich habe
einen jüngeren Bruder. Und er ist der König zu
Hause. Er darf einfach alles. Seine Noten sind
sehr schlecht. Meinen Eltern ist das egal. Er
schreibt eine Drei und sie sind noch stolz auf
ihn! Das verstehe ich nicht. Das ist doch keine
gute Erziehung, oder?

Sätze 1–6   Was ist richtig und was ist falsch?

Beschreibung 1

1   Tina nimmt das Telefon von ihren Eltern.   richtig   *falsch*

2   Tina schreibt viele Briefe.   richtig   *falsch*

3   Tinas Eltern verstehen sie nicht.   richtig   *falsch*

Beschreibung 2

4   Christian findet seine Eltern nett.   richtig   *falsch*

5   Christian geht nicht mehr zur Schule.   richtig   *falsch*

6   Christians Bruder ist ein guter Schüler.   richtig   *falsch*

In einer Zeitschrift findest du Texte über Jugendliche in Deutschland.
Lies bitte die Beschreibungen.

Beschreibung 3

Hallo! Ich heiße Lea und bin 16 Jahre alt. Ich gehe in die 10. Klasse und lerne Englisch und Französisch. Ich habe im Mai eine Englischprüfung, deshalb muss ich jetzt ganz schön viel lernen! Ich mag Englisch und ich lerne gerne. Im Sommer war ich in einem Feriensprachkurs in Schottland. Da habe ich viele tolle Leute kennengelernt und wir haben jetzt noch Kontakt über E-Mail. Das finde ich super, so kann ich auch mein Englisch üben!

lea am 17.7.06 um 15:42 Uhr

Beschreibung 4

Ich heiße Matthias und bin 17 Jahre alt. Mein Lieblingsfach ist Informatik. Und endlich habe ich einen eigenen Computer zu Hause! Das finde ich ganz toll, jetzt kann ich die Informatikaufgaben zu Hause lösen. Ich lerne auch selbst programmieren. Ich habe ein super Buch über die Programmiersprache Delphi – so lerne ich jeden Tag etwas Neues über diese Sprache! Mein Traumberuf ist natürlich Informatiker oder Programmierer. Das ist nicht nur ein Traum, das ist mein Ziel!

matthias am 17.7.06 um 17:02 Uhr

Sätze 1–6   Was ist richtig und was ist falsch?

Beschreibung 3

1   Lea muss für die Englischprüfung nicht mehr lernen.   richtig   *falsch*

2   Lea kommt aus Schottland.   richtig   *falsch*

3   Lea hat viele E-Mail-Freunde.   richtig   *falsch*

Beschreibung 4

4   Matthias schreibt ein Buch über Informatik.   richtig   *falsch*

5   Er macht die Informatikaufgaben an seinem Computer.   richtig   *falsch*

6   Er will Informatiker oder Programmierer werden.   richtig   *falsch*

Schreibe jetzt deine Lösungen auf den
Antwortbogen.

Familienname _____

Vorname _____

Lesen

Teil 1

	Anzeigen 1 und 2				**Anzeigen 3 und 4**		
1	a	b	c	1	a	b	c
2	a	b	c	2	a	b	c
3	a	b	c	3	a	b	c
4	a	b	c	4	a	b	c
5	a	b	c	5	a	b	c
6	a	b	c	6	a	b	c

Teil 2

	Beschreibungen 1 und 2			**Beschreibungen 3 und 4**	
1	richtig	falsch	1	richtig	falsch
2	richtig	falsch	2	richtig	falsch
3	richtig	falsch	3	richtig	falsch
4	richtig	falsch	4	richtig	falsch
5	richtig	falsch	5	richtig	falsch
6	richtig	falsch	6	richtig	falsch

☛ Für den Prüfungsteil Schreiben hast du **20 Minuten** Zeit.

20 Min.

☛ In diesem Prüfungsteil findest du eine **Nachricht** (E-Mail oder Postkarte).

☛ Du musst auf diese Nachricht **antworten**.

☛ Bei der Antwort musst du ca. **30 Wörter** schreiben. Das sind ungefähr **fünf bis sechs Sätze**.

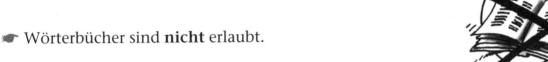

☛ Schreibe deinen Text bitte auf den **Antwortbogen** und bitte **nicht** mit Bleistift.

☛ Wörterbücher sind **nicht** erlaubt.

☛ Lass dir auch **Zeit** für die **Korrektur**.

5 Min.

Fit in Deutsch 1

Fit in Deutsch 1

Text

Schritt 1: Lies die E-Mail genau durch und **markiere** wie im Beispiel.

Wer schreibt dir?

Warum schreibt er/sie?

Was erzählt er/sie über sich?

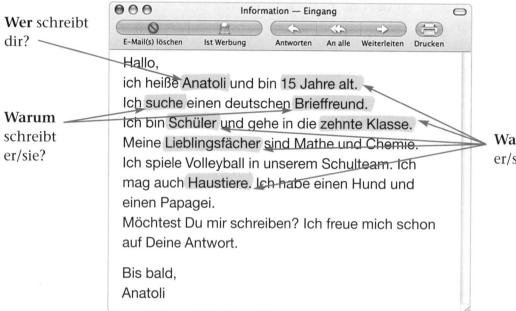

Information — Eingang

| E-Mail(s) löschen | Ist Werbung | Antworten | An alle | Weiterleiten | Drucken |

Hallo,
ich heiße Anatoli und bin 15 Jahre alt.
Ich suche einen deutschen Brieffreund.
Ich bin Schüler und gehe in die zehnte Klasse.
Meine Lieblingsfächer sind Mathe und Chemie.
Ich spiele Volleyball in unserem Schulteam. Ich
mag auch Haustiere. Ich habe einen Hund und
einen Papagei.
Möchtest Du mir schreiben? Ich freue mich schon
auf Deine Antwort.

Bis bald,
Anatoli

Vor dem Schreiben

Schritt 2: Überlege dir Antworten zu den markierten Wörtern in Schritt 1. Was kannst du antworten?

Stellt er/sie Fragen? Ja! Dann beantworte auch diese Fragen.

suche • Brieffreund:

Mögliche Antwort: *Ich suche auch schon lange einen Brieffreund.*

Anatoli • 15 Jahre alt • Schüler • zehnte Klasse • Lieblingsfächer • Hobbys:

Mögliche Antwort: *Mein Name ist Andreas und ich bin 14. Ich gehe in die neunte Klasse. Ich finde Englisch und Deutsch ganz toll. Mathe mag ich nicht so gern. Ich möchte auch so gerne einen Hund haben. Aber meine Eltern wollen das nicht. Sie sagen, unsere Wohnung ist zu klein.*

Beim Schreiben

Schritt 3: Benutze in deiner **Antwort** **einfache** und **kurze** Sätze. Du musst mindestens **30 Wörter** schreiben. Das sind ungefähr **fünf** bis **sechs Sätze**.

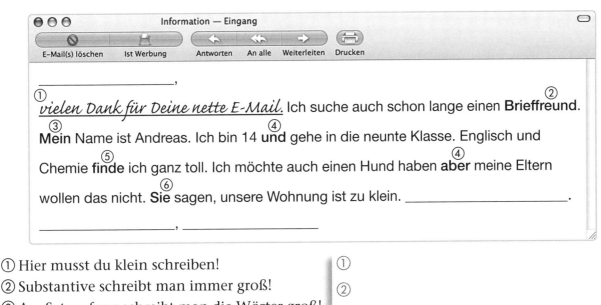

_____,
① *vielen Dank für Deine nette E-Mail.* Ich suche auch schon lange einen **Brieffreund.** ②
③ **Mein** Name ist Andreas. Ich bin 14 **und** ④ gehe in die neunte Klasse. Englisch und
Chemie **finde** ⑤ ich ganz toll. Ich möchte auch einen Hund haben **aber** ④ meine Eltern
wollen das nicht. **Sie** ⑥ sagen, unsere Wohnung ist zu klein. _____.
_____, _____

① Hier musst du klein schreiben!
② Substantive schreibt man immer groß!
③ Am Satzanfang schreibt man die Wörter groß!
④ Verbinde kurze Sätze mit *und, oder, aber*!
⑤ Achte auf die richtige Stelle beim Verb!
   Achte auf die richtige Endung beim Verb!
⑥ Formuliere die Wiederholungen anders!

①
②
③
④
⑤
⑥

Schritt 4: Schreibe die Sätze aus dem Kasten in die E-Mail oben.

Viele Grüße, • ~~vielen Dank für Deine nette E-Mail~~ • Dein Andreas •
Antworte mir bitte bald. • Lieber Anatoli,

Jetzt du!

Was passt? Ordne zu!

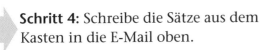

1 Dein/Deine …
2 Ich freue mich auf deine Antwort.
3 Danke für Deine E-Mail.
4 Viele/Herzliche/Liebe Grüße, Bis bald, Ciao, Tschüs
5 Hallo, Lieber/Liebe …,

Anrede
Einleitung
Schlusssatz
Gruß
Unterschrift

Nach dem Schreiben

Schritt 5: Du bist mit deiner Antwort fertig. Überprüfe jetzt deinen Text. Achte dabei auf Schritt 3. Inhalt und Form (Schritt 4) sind auch wichtig.

Inhalt: Wie viele Sätze habe ich in meiner Antwort? Du musst **fünf bis sechs Sätze** schreiben. Zähle deine Wörter. Du musst **mindestens 30 Wörter** schreiben.

Form: Habe ich in meiner Antwort **Anrede, Einleitung, Schlusssatz, Gruß** und **Unterschrift**?

Fit in Deutsch 1

E-Mail 1

Du hast diese E-Mail bekommen. Antworte
darauf bitte mit mindestens 30 Wörtern.
Schreib bitte **nicht** mit Bleistift.

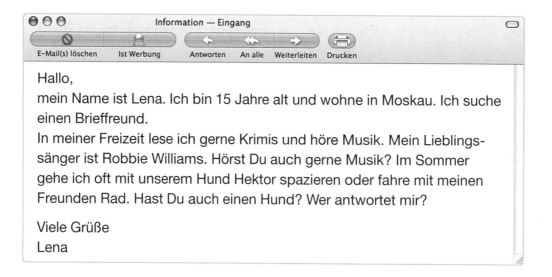

Information — Eingang

E-Mail(s) löschen   Ist Werbung   Antworten   An alle   Weiterleiten   Drucken

Hallo,

mein Name ist Lena. Ich bin 15 Jahre alt und wohne in Moskau. Ich suche
einen Brieffreund.

In meiner Freizeit lese ich gerne Krimis und höre Musik. Mein Lieblings-
sänger ist Robbie Williams. Hörst Du auch gerne Musik? Im Sommer
gehe ich oft mit unserem Hund Hektor spazieren oder fahre mit meinen
Freunden Rad. Hast Du auch einen Hund? Wer antwortet mir?

Viele Grüße
Lena

Schreibe deinen Text bitte auf den
Antwortbogen.

E-Mail 2

Du hast diese E-Mail bekommen.
Antworte darauf bitte mit mindestens 30 Wörtern.
Schreib bitte **nicht** mit Bleistift.

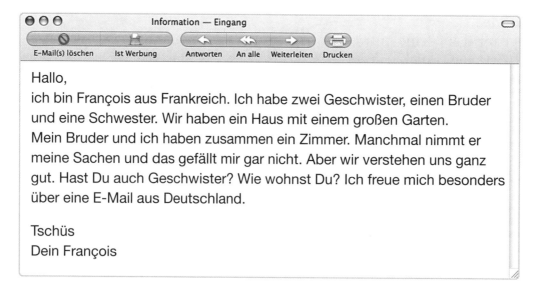

Information — Eingang

E-Mail(s) löschen   Ist Werbung   Antworten   An alle   Weiterleiten   Drucken

Hallo,

ich bin François aus Frankreich. Ich habe zwei Geschwister, einen Bruder
und eine Schwester. Wir haben ein Haus mit einem großen Garten.
Mein Bruder und ich haben zusammen ein Zimmer. Manchmal nimmt er
meine Sachen und das gefällt mir gar nicht. Aber wir verstehen uns ganz
gut. Hast Du auch Geschwister? Wie wohnst Du? Ich freue mich besonders
über eine E-Mail aus Deutschland.

Tschüs
Dein François

Schreibe deinen Text bitte auf den **Antwortbogen**.

Fit in Deutsch 1

E-Mail 3

Du hast diese E-Mail bekommen.
Antworte darauf bitte mit mindestens 30 Wörtern.
Schreib bitte **nicht** mit Bleistift.

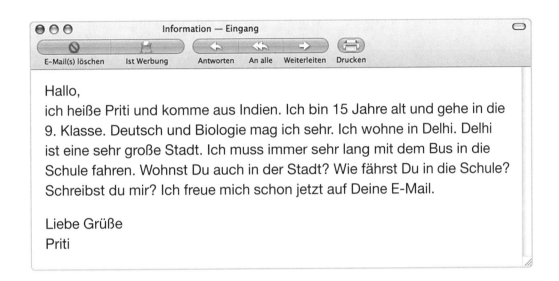

Hallo,

ich heiße Priti und komme aus Indien. Ich bin 15 Jahre alt und gehe in die 9. Klasse. Deutsch und Biologie mag ich sehr. Ich wohne in Delhi. Delhi ist eine sehr große Stadt. Ich muss immer sehr lang mit dem Bus in die Schule fahren. Wohnst Du auch in der Stadt? Wie fährst Du in die Schule? Schreibst du mir? Ich freue mich schon jetzt auf Deine E-Mail.

Liebe Grüße
Priti

Schreibe deinen Text bitte auf den **Antwortbogen**.

E-Mail 4

Du hast diese E-Mail bekommen.
Antworte darauf bitte mit mindestens 30 Wörtern.
Schreib bitte **nicht** mit Bleistift.

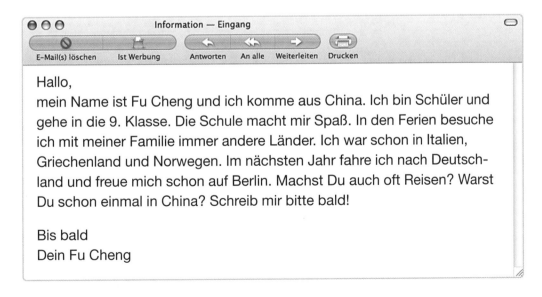

Hallo,

mein Name ist Fu Cheng und ich komme aus China. Ich bin Schüler und gehe in die 9. Klasse. Die Schule macht mir Spaß. In den Ferien besuche ich mit meiner Familie immer andere Länder. Ich war schon in Italien, Griechenland und Norwegen. Im nächsten Jahr fahre ich nach Deutschland und freue mich schon auf Berlin. Machst Du auch oft Reisen? Warst Du schon einmal in China? Schreib mir bitte bald!

Bis bald
Dein Fu Cheng

Schreibe deinen Text bitte auf den **Antwortbogen**.

Familienname   _____

Vorname   _____

Schreiben

Antworte bitte auf die E-Mail mit mindestens 30 Wörtern. Schreibe bitte **nicht** mit Bleistift.

Fit in Deutsch 1

15 Min.

☛ Für den Prüfungsteil Sprechen hast du ca. **15 Minuten** Zeit.

☛ Diesen Teil machst du zusammen mit anderen Prüfungskandidaten. Das ist eine **Gruppenprüfung** (maximal
6 Personen).

Hallo,
ich heiße...

☛ Der Prüfungsteil Sprechen besteht aus **drei** Teilen.

☛ Im **Teil 1** musst du dich **vorstellen**. Du musst mindestens **vier** Sätze sagen.

☛ Im **Teil 2** musst du zu einem Thema **Fragen stellen** und **beantworten**.
Du ziehst ein Kärtchen mit einem Thema und einem Wort.

Thema: Essen und Trinken

Abend

☛ Im **Teil 3** musst du zu einem Objekt entweder **Fragen stellen** und **beantworten**
oder **Bitten formulieren** und **auf Bitten reagieren**.
Du ziehst ein Kärtchen mit einem Objekt und einem Fragezeichen (?) für
Fragen oder einem Ausrufezeichen (!) für **Bitten/Aufforderungen**.

Fit in Deutsch 1

Fit in Deutsch 1

Sich vorstellen

Schritt 1: Wähle aus: Was möchtest du sagen? Kreuze an. Du musst mindestens **vier** Sätze über dich sagen.

Name?	
Alter?	
Land?	
Wohnort?	
Schule?	
Sprachen?	
Hobby?	

Name:
- ☐ Ich heiße …
- ☐ Ich bin …
- ☐ Mein Name ist …

Alter:
- ☐ Ich bin … Jahre alt.

Land:
- ☐ Ich komme aus …
- ☐ Ich lebe in …

Wohnort:
- ☐ Ich wohne in …
- ☐ Ich lebe in …

Famile:
- ☐ Ich habe … Geschwister
- ☐ Ich habe … Bruder (Brüder)/ Schwester (Schwestern)

Schule:
- ☐ Ich besuche … Schule/Gymnasium.
- ☐ Ich gehe in die … Klasse.
- ☐ Meine Lieblingsfächer sind … und …
- ☐ Mein Lieblingsfach ist …

Sprachen:
- ☐ Ich spreche …
- ☐ Ich kann … sprechen.
- ☐ Ich lerne …

Hobbys:
- ☐ Meine Hobbys sind …, … und …
- ☐ Mein Hobby ist …
- ☐ Ich … gern.

Schritt 2: Ergänze deine Sätze und schreibe sie auf.

!!! Du kannst zwei kurze Sätze mit „und" verbinden – so ist deine Vorstellung schöner!

Die Satzmelodie im Deutschen

1 Hör und sprich nach.

Ich heiße Lea. ↘ Ich gehe in die 10. Klasse. ↘

In einem einfachen Satz geht die Melodie nach unten (↘).

Ich heiße Lea ↗ und gehe in die 10. Klasse. ↘

In einem Satz mit „und" steigt die Melodie zuerst (↗) und dann fällt sie nach unten (↘).

2 Hör und markiere die Satzmelodie (↘, ↗).

Beispiel:
Ich bin 17 Jahre alt. ↘
Ich komme aus Frankreich ↗ und bin 16 Jahre alt. ↘

a   Ich komme aus Italien. ☐
b   Ich wohne in Palermo ☐ und besuche das Gymnasium. ☐
c   Meine Lieblingsfächer sind Chemie und Biologie. ☐
d   Ich lerne Deutsch ☐ und möchte nach Deutschland fahren. ☐
e   Mein Hobby ist Lesen. ☐

3 Hör noch einmal und sprich nach.

Schritt 3: Stell dich deinem Nachbarn/deiner Nachbarin oder in einer Kleingruppe vor. Benutze deine Sätze aus Schritt 2.

> !!! Sprich laut und nicht zu schnell, mach keine langen Pausen.
>
> Übe das jeden Tag!

Schritt 4: Kontrolliert einander! Achtet auf die Schritte 1 bis 3.

> !!! Nimm dich auf Kassette auf: Was kannst du noch besser machen?

Fit in Deutsch 1

Fragen stellen

Schritt 1: Der Prüfer bzw. die Prüferin wählt ein bekanntes Thema aus (z. B. Essen und Trinken)

Thema: **Essen und Trinken**

Thema: Essen und Trinken	Thema: Essen und Trinken	Thema: Essen und Trinken
Abend	**Pizza**	*kochen*
Thema: Essen und Trinken	Thema: Essen und Trinken	Thema: Essen und Trinken
Super- markt	*gesund*	**schmecken**

Schritt 2: Du ziehst eine Karte mit einem Wort zu diesem Thema (z. B. Abend). Zu diesem Wort stellst du eine Frage. Du kannst zwei Typen von Fragen stellen.

!!! Du musst deine Frage mit dem Thema verbinden!

Thema: Essen und Trinken
Abend

Auf diese Fragen musst du mit „Ja" oder „Nein" antworten!

Ja/Nein-Fragen: *Trinkst du Tee am Abend?*

Das ist ein Frage-wort mit W-!

W-Fragen: *Was isst du zu Abend?*

Fit in Deutsch 1

Fit in Deutsch 1

Die Verbposition bei Fragen

Position I

 Trinkst **du** Tee am Abend?

> Ja-/Nein-Frage: Das Verb ist auf Position I. Das Subjekt ist auf Position II!

   Position II

Was trinkst du zu Abend?

> W-Frage: Das Fragewort mit W- steht am Anfang. Das Verb ist auf Position II!

Die Satzmelodie im Deutschen

14

1 Hör und sprich nach.

Trinkst du Tee am Abend? ↗

> Bei Ja/Nein-Fragen geht die Satzmelodie nach oben (↗).

Was isst du zu Abend? ↘

> Bei W-Fragen geht die Satzmelodie nach unten (↘).

15

2 Hör und markiere die Satzmelodie (↘, ↗).

a Kommst du mit in den Supermarkt? ☐   d Was kochst du gerne? ☐
b Möchtest du ein Stück Pizza? ☐   e Welches Essen ist gesund? ☐
c Schmeckt dir die Suppe? ☐

15

3 Hör noch einmal und sprich nach.

Jetzt du!

Sieh dir die Karten in Schritt 1 noch
einmal an. Ordne die Fragen zu.

1 *Kommst du mit in den Supermarkt ?*   <u>Supermarkt</u>
2 *Möchtest du ein Stück Pizza?*
3 *Schmeckt dir die Suppe?*
4 *Was kochst du gern?*
5 *Welches Essen ist gesund?*

Stell jetzt andere Fragen zu den Kärtchen.
Achte auf die Schritte 1 und 2!

> **Für die W-Fragen
> benutzt man die Fragewörter:
> Wer? Was? Wann? Wo? Wohin?
> Woher? Warum? Wie? Wie viel?
> Mit wem? Welch- er, e, es?**

Fit in Deutsch 1

Fragen beantworten

Schritt 1: Dein Partner zieht eine Karte (z.B. Abend) und stellt dir eine Frage. Du musst genau hinhören.

Thema: Essen und Trinken

Abend

▸ **Ja/Nein-Frage:** *Trinkst du Tee am Abend?*

▸ **W-Frage:** *Was isst du zu Abend?*

!!! Verstehst du die Frage des Partners nicht? Dann kannst du noch einmal nachfragen.

– *Entschuldigung, wie bitte?*

– *Kannst du das noch einmal sagen?*

– *Kannst du bitte langsam sprechen?*

Schritt 2: Du kannst auf die Frage deines Partners wie in den Beispielen antworten.

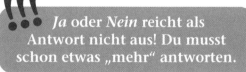

!!! *Ja* oder *Nein* reicht als Antwort nicht aus! Du musst schon etwas „mehr" antworten.

▸ **Antwort auf die Ja/Nein-Frage:** *Trinkst du Tee am Abend?*
  – *Ja, jeden Abend.*
  – *Nein, ich trinke nicht so gerne Tee.*

▸ **Antwort auf die W-Frage:** *Was isst du zu Abend?*
  – *Ich esse Brot mit Käse.*

Jetzt du!

Antworte auf die Fragen.
Du kannst mehrere Antworten geben.

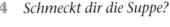

1 *Trinkst du Tee am Abend?*

Thema: Essen und Trinken
Abend

4 *Schmeckt dir die Suppe?*

Thema: Essen und Trinken
schmecken

2 *Kommst du mit in den Supermarkt?*

Thema: Essen und Trinken
Super- markt

5 *Was kochst du gern?*

Thema: Essen und Trinken
kochen

3 *Möchtest du ein Stück Pizza?*

Thema: Essen und Trinken
Pizza

6 *Welches Essen ist gesund?*

Thema: Essen und Trinken
gesund

1 _____

2 _____

3 _____

4 _____

5 _____

6 _____

Fit in Deutsch 1

Fragen stellen und auf Fragen antworten.

Thema: Kommunikation	Thema: Kommunikation
E-Mail	*telefonieren*

Thema: Kommunikation	Thema: Kommunikation
Brief	*fernsehen*

Thema: Kommunikation	Thema: Kommunikation
Infor-mationen	**Paket**

Fragen stellen und auf Fragen antworten.

Thema: Person	Thema: Person
alt	**Telefon**

Thema: Person	Thema: Person
wohnen	**Land**

Thema: Person	Thema: Person
Geschwister	**Beruf**

Fragen stellen und auf Fragen antworten.

Thema: Schule	Thema: Schule
hören	**Lehrer**
Thema: Schule	Thema: Schule
Lieblings-fach	**lernen**
Thema: Schule	Thema: Schule
Stunde	**Bücher**

Fragen stellen und auf Fragen antworten.

Thema: Reisen	Thema: Reisen
Zug	**ankommen**
Thema: Reisen	Thema: Reisen
Fahrkarte	**fliegen**
Thema: Reisen	Thema: Reisen
Ferien	**Flugzeug**

Fit in Deutsch 1

Bitten, Aufforderungen oder Fragen formulieren

▶ **Schritt 1:** Der Prüfer bzw. die Prüferin
hat sechs Handlungskarten mit „?"
oder „!"

1

2

3

4

5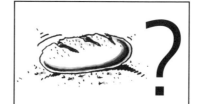

6

▶ **Schritt 2:** Du ziehst eine Karte mit
einem Bild und einem „?" oder
einem „!" Du musst eine Frage, eine
Aufforderung oder eine Bitte wie in
den Beispielen formulieren. Achte auf
die Zeichen: „?" oder „!"

▶ **Mögliche Reaktionen:**
Wo ist mein CD-Player?

▶ **Mögliche Reaktionen:**
Mach bitte das Fenster zu!
(Kannst du bitte das Fenster zumachen?)

 Schau dir noch einmal in Teil 2 auf Seite 37 die Ja-/Nein-Fragen und W-Fragen an.

Die Verbposition bei Aufforderungen und Bitten

Position I

  Mach bitte das Fenster zu!

Bei Aufforderungen und Bitten steht das Verb auf Position I – wie bei der Ja-/Nein-Frage.

Die Satzmelodie bei Aufforderungen, Bitten und Ja-/Nein-Fragen

1 Hör und sprich nach.

Mach bitte das Fenster zu! ↘

Du weißt: Bei Ja-/Nein-Fragen geht die Satzmelodie nach oben (↗).
Aber: Bei Bitten/Aufforderungen geht die Satzmelodie nach unten (↘).

2 Hör und markiere „?" oder „!" und die Satzmelodie. (↗, ↘).

a Kommst du aus Portugal ? ↗   d Hast du einen Kuli ☐ ☐
b Mach das Licht an ☐ ☐   e Sag mir bitte deine Telefonnummer ☐ ☐
c Gib mir bitte dein Wörterbuch ☐ ☐   f Hörst du gern Musik ☐ ☐

3 Hör noch einmal und sprich nach.

Jetzt du!

Sieh dir jetzt die anderen Karten in Schritt 1 noch einmal an. Ordne sie den folgenden Sätzen zu.

1 *Welcher Tag ist heute?*   _____
2 *Gib mir doch mal dein Handy, bitte!* _____
3 *Hast du Hunger?*   _____
4 *Was schenkst du Lisa zum Geburtstag?* _____

Formuliere nun Aufforderungen und Bitten oder stelle Fragen zu den anderen Kärtchen in Schritt 1. Achte dabei auf Schritt 2!

_____

_____

_____

_____

Fit in Deutsch 1

Fit in Deutsch 1

Auf Fragen, Bitten/Aufforderungen antworten oder reagieren

Schritt 1: Dein Partner zieht eine Karte mit einem Bild und stellt dir eine Frage oder formuliert eine Aufforderung oder eine Bitte zu diesem Bild.

Wo ist mein CD-Player?   oder   *Mach bitte das Fenster zu!*

 Verstehst du die Frage des Partners nicht? Möchtest du nachfragen? Schau dir noch einmal in Teil 2 auf Seite 38 „Fragen beantworten" an.

Schritt 2: Du musst auf seine Frage reagieren.

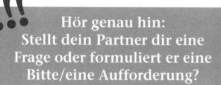

Hör genau hin: Stellt dein Partner dir eine Frage oder formuliert er eine Bitte/eine Aufforderung?

Hier musst du **antworten.**
Wo ist mein CD-Player?

Mögliche Antwort: *Ich weiß nicht.*

Hier kannst du **reagieren** und/oder **antworten.**
Mach bitte das Fenster zu!
(Kannst du bitte das Fenster zumachen?)

Mögliche Reaktion: *(Du stehst auf und machst das Fenster im Klassenraum zu.)*
Mögliche Antwort: *Ja, gern.*

 Vergiss nicht, du darfst nicht nur mit einem Wort antworten. Schau dir noch einmal in Teil 2 auf Seite 38 die Antworten bei Ja-/Nein- und W-Fragen an.

Jetzt du!

Ordne jetzt die Karten den Antworten und Reaktionen zu.

1 *Welcher Tag ist heute?*

2 *Gib mir doch mal dein Handy, bitte!*

3 *Was schenkst du Lisa zum Geburtstag?*

4 *Hast du Hunger?*

☐ *Ich habe noch keine Idee.*
☐ *Heute ist Mittwoch.*
☐ *Nein, danke. Ich habe keinen Hunger.*
☐ *(Du stehst auf und gibst deinem Partner dein Handy.)*

Überlege nun Antworten und Reaktionen
zu deinen Fragen und Aufforderungen
von S. 43.

_____

_____

_____

_____

_____

_____

Bitten, Aufforderungen oder Fragen formulieren und darauf antworten oder reagieren.

Bitten, Aufforderungen oder Fragen formulieren und darauf antworten oder reagieren.

☞ Für den Prüfungsteil Hören hast du **30 Minuten** Zeit.

☞ Der Prüfungsteil Hörverstehen besteht aus **zwei** Teilen.

☞ Im **Teil 1** hörst du **drei Mitteilungen für Jugendliche im Radio.**

30 Min.

Jede Mitteilung dauert ca. eine Minute. Du hörst jede Mitteilung zweimal.

Zu jeder Mitteilung gibt es **drei Aufgaben** mit jeweils drei Antworten.
Nur **eine** Antwort ist richtig. Du musst die richtige Antwort ankreuzen.

Am Anfang hast du ein Beispiel.

Beispiel

0   Wie heißt das Radio?
    a Top Radio Berlin
    b Planet
    ☒ Radio 1

☞ Im **Teil 2** hörst du ein **längeres Gespräch zwischen zwei Jugendlichen.**

Das Gespräch dauert ca. zwei Minuten. Das Gespräch hat zwei Teile.
Du hörst die Teile zweimal.
Zu jedem Teil gibt es **fünf bis sechs Sätze.** Die Frage ist: Sind die Sätze richtig oder falsch?
Du musst richtig oder *falsch* ankreuzen.

Am Anfang hast du ein Beispiel.

Beispiel

0   Isabel ist krank.   ric☒ig   *falsch*

☞ Deine Lösungen markierst du zuerst direkt auf dem Aufgabenblatt.
   Danach schreibst du sie auf den Antwortbogen.

Fit in Deutsch 2

Vor dem Hören

 Schritt 1: Schau dir die Bilder an und lies die Aufgaben und Antworten. Was ist das Thema im Hörtext?

> **Die Bilder und die Fragen sagen oft, was das Thema ist!**

1   Wann finden die Sprachferien statt?
   [a] Im September.
   [b] Im Oktober.
   [c] Im November.

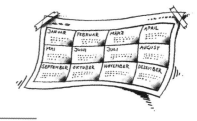

Thema: _____

 Schritt 2: Markiere die Signalwörter in der Aufgabe wie im Beispiel!

1   Wann finden die Sprachferien statt?
   [a] Im September.
   [b] Im Oktober.
   [c] Im November.

Beim 1. Hören

  Schritt 3: Welche Wörter in den Antworten hast du gehört? Unterstreiche sie wie im Beispiel!

> **Du musst nicht jedes Wort verstehen!**

1   Wann finden die Sprachferien statt?
   [a] Im September.
   [b] Im Oktober.
   [c] Im November.

Schritt 4: Du bist sicher, eine bestimmte Antwort ist falsch. Dann streiche sie durch wie im Beispiel!

1   Wann finden die Sprachferien statt?
   [a] Im September.
   [b] Im Oktober.
   [c] ~~Im November.~~

Beim 2. Hören

Schritt 5: Achte auf die <u>unterstrichenen</u> Wörter. Weißt du schon die Antwort? Hör noch einmal und kreuze **eine** Antwort an.

1 Wann finden die Sprachferien statt?
   - [a] Im September.
   - [x] Im Oktober.
   - [c] Im November.

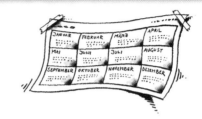

Oft kommen Wörter im Text vor, sie sind aber nicht die Antwort auf die Frage!
z. B.: *September* → Anmeldeschluss; *Oktober* → Sprachferien!

Nach dem Hören

Schritt 6: Überprüfe! Hast du überall **eine** Antwort angekreuzt? Hast du die richtige Antwort nicht gefunden? Kreuze trotzdem eine Antwort an!

Jetzt du!

Achte auf die Schritte 1 bis 5.

2 Was werden die Schüler in den Ferien machen?
   - [a] Ein Theaterspiel vorbereiten.
   - [b] Nur lernen.
   - [c] Viel Sport.

3 Wie viele Schüler können in einer Gruppe teilnehmen?
   - [a] 13
   - [b] 14
   - [c] 15

Fit in Deutsch 2

Du hörst Mitteilungen für Jugendliche im
Radio. Zu jeder Mitteilung gibt es Aufgaben.
Kreuze an: a , b oder c .
Jede Mitteilung hörst du **zweimal**.

Mitteilung 1

Lies die Aufgaben 1, 2 und 3.

1   Wer kann an dem Literaturwettbewerb teilnehmen?
    a Schüler von 8 bis 18 Jahre.
    b Nur Schüler von 8 bis 13 Jahre.
    c Nur Schüler von 14 bis 18 Jahre.

2   Was kann man gewinnen?
    a Bücher.
    b Geld.
    c Kostenlose Teilnahme an einer Projektwoche.

3   Wo kann man später die Gedichte, Geschichten
und Romane lesen?
    a Im Fernsehen.
    b Auf Plakaten und im Internet.
    c In der Schülerzeitung.

 Jetzt hörst du die **erste** Mitteilung. Du hörst
jetzt diese Mitteilung **noch einmal**. Markiere
dann die Lösung zu Aufgabe 1, 2 und 3.

Mitteilung 2

Lies die Aufgaben 4, 5, und 6.

4   Wann finden die Tischtennis-Ferien statt?
    a Im Winter.
    b Im Frühling.
    c Im Sommer.

5   Man kann in den Tischtennis-Ferien nicht
    a Fußball spielen.
    b reiten.
    c schwimmen.

6   So schlafen die Schüler:
    a Alle schlafen zusammen in einem Zimmer.
    b Jeder schläft allein.
    c Immer drei Schüler schlafen in einem Zimmer.

 Jetzt hörst du die **zweite** Mitteilung.
Du hörst jetzt diese Mitteilung **noch einmal**.
Markiere **dann** die Lösung zu Aufgabe 4, 5 und 6.

Fit in Deutsch 2

Du hörst Mitteilungen für Jugendliche im Radio. Zu jeder Mitteilung gibt es Aufgaben.
Kreuze an: a, b oder c. Jede Mitteilung hörst du **zweimal**.

Mitteilung 3

Lies die Aufgaben 7, 8 und 9.

7 Das Jugendzentrum „Kölner Jugend" feiert
   - a ein Frühlingsfest.
   - b die Neu-Eröffnung.
   - c eine Geburtstagsparty.

8 Das Fest dauert
   - a einen Tag.
   - b eine Woche.
   - c zwei Tage.

9 Am Samstagnachmittag kann man
   - a die neuen Räume anschauen.
   - b Geburtstag feiern.
   - c tanzen.

Jetzt hörst du die **erste** Mitteilung.
Du hörst jetzt diese Mitteilung **noch einmal**.
Markiere **dann** die Lösung zu Aufgabe 7, 8 und 9.

Mitteilung 4

Lies die Aufgaben 10, 11 und 12.

10 Was meint das Institut für Kommunikation
    in Hannover?
    - a Mädchen spielen auch Computerspiele.
    - b Nur Jungen spielen am Computer.
    - c Computerspiele sind gefährlich.

11 Die Mädchen können auf der Internetseite
    - a über ihr Hobby: Computerspiele erzählen.
    - b Computerspiele ausprobieren.
    - c Freunde suchen.

12 Was können die Teilnehmer gewinnen?
    - a T-Shirts, Spiele und Plakate.
    - b Einen Computer.
    - c Handys.

Jetzt hörst du die **zweite** Mitteilung.
Du hörst jetzt diese Mitteilung **noch einmal**.
Markiere **dann** die Lösung zu Aufgabe 10, 11 und 12.

Fit in Deutsch 2

Vor dem Hören

 Schritt 1: Lies die folgenden Sätze.
Wer spricht mit wem worüber?

		richtig	falsch
1	Kristina hat sehr lange auf Steffi gewartet.	richtig	falsch
2	Kristina war letztes Wochenende auf einem Sommerfest.	richtig	falsch
3	Steffi findet das Kleid nicht sommerlich.	richtig	falsch
4	Kristina möchte Schuhe und ein neues Kleid.	richtig	falsch
5	Steffi kennt kein gutes Geschäft.	richtig	falsch

Personen/Thema: _____

 Schritt 2: Markiere in den Sätzen
mögliche Signalwörter wie im Beispiel.

		richtig	falsch
1	Kristina hat sehr lange auf Steffi gewartet.	richtig	falsch
2	Kristina war letztes Wochenende auf einem Sommerfest.	richtig	falsch
3	Steffi findet das Kleid nicht sommerlich.	richtig	falsch
4	Kristina möchte Schuhe und ein neues Kleid.	richtig	falsch
5	Steffi kennt kein gutes Geschäft.	richtig	falsch

Gespräch Teil 1 · Beim 1. Hören

 Achte auf die Geräusche und Stimmen!

 Schritt 3: Welche Wörter in den
Sätzen hörst du? <u>Unterstreiche</u> sie
wie im Beispiel.

Du musst nicht jedes Wort verstehen!

		richtig	falsch
1	Kristina hat sehr lange auf Steffi gewartet.	richtig	falsch
2	Kristina war letztes Wochenende auf einem Sommerfest.	richtig	falsch
3	Steffi findet das Kleid nicht sommerlich.	richtig	falsch
4	Kristina möchte Schuhe und ein neues Kleid.	richtig	falsch
5	Steffi kennt kein gutes Geschäft.	richtig	falsch

Gespräch Teil 1 · Beim 2. Hören

 Schritt 4: Achte auf die <u>unterstrichenen</u>
Wörter. Weißt du schon die Antwort?
Hör noch einmal genau hin und kreuze
an: richtig oder falsch.

 Achte auf Zeitangaben, Monate, Jahreszeiten!

Fit in Deutsch 2

1 Kristina hat sehr lange auf Steffi gewartet.

Im Text:
Kristina: „Ich bin auch erst seit fünf Minuten da."
→ erst seit fünf Minuten ≠ sehr lange

Antwort: richtig   ~~falsch~~

Im Text steht das Gegenteil mit anderen Wörtern

---

2 Kristina war letztes Wochenende auf einem Sommerfest.

Im Text:
Kristina: „Ich gehe auf ein Sommerfest am Wochenende …"
→ war letztes Wochenende ≠ sie geht am Wochenende

Antwort: richtig   ~~falsch~~

Gleiche Wörter in der Aufgabe und im Text, aber sie sind nicht die Antwort auf die Frage.

---

3 Steffi findet das Kleid nicht sommerlich.

Im Text:
Steffi: „Das Kleid ist wirklich nichts für ein Sommerfest."
→ nicht sommerlich = nichts für ein Sommerfest

Antwort: ~~richtig~~   falsch

Nicht immer gleiche Wörter in der Aufgabe und im Text, aber gleiche Bedeutung.

---

4 Kristina möchte Schuhe und ein neues Kleid.

Im Text:
Kristina: „… ich brauche ein neues Kleid."
→ Steffi möchte Schuhe kaufen.

Antwort: richtig   ~~falsch~~

Das steht so nicht im Text.

---

5 Steffi kennt kein gutes Geschäft.

Im Text:
Steffi: „Komm, lass uns in das neue Geschäft gehen. Die haben echt total schöne Kleider."

Antwort: richtig   ~~falsch~~

Im Text steht etwas ganz anderes.

Nach dem Hören

Schritt 5: Überprüfe! Hast du überall **eine** Antwort angekreuzt? Hast du die richtige Antwort nicht gefunden? Kreuze trotzdem eine Antwort an!

Jetzt du!

Achte auf die Schritte 1 bis 5.

		richtig	falsch
6	Rot passt zu Kristinas Haaren sehr gut.	richtig	falsch
7	Das rote Kleid ist teurer als das grüne.	richtig	falsch
8	Kristina gefällt das grüne Kleid besser.	richtig	falsch
9	Kristina hat bald Geburtstag.	richtig	falsch
10	Kristina findet die Vorschläge ihrer Freundin nicht gut.	richtig	falsch
11	Steffi möchte Schuhe kaufen.	richtig	falsch

Fit in Deutsch 2

Du hörst ein Gespräch zwischen zwei Jugendlichen. Zu dem Gespräch gibt es Aufgaben.
Kreuze an: richtig oder falsch. Das Gespräch
hörst du **zweimal**.

Gespräch 1

Du hörst das Gespräch **in zwei Teilen**.
Lies die Sätze 1 bis 5.

1	Julians Wochenende war nicht so toll.	richtig	falsch
2	Julian hatte am Wochenende Besuch.	richtig	falsch
3	Julian und Sabine waren zusammen in der Disko.	richtig	falsch
4	Julians Eltern finden, dass seine Freunde zu alt sind für ihn.	richtig	falsch
5	Sabine hat einen jüngeren Bruder.	richtig	falsch

 Jetzt hörst du den **ersten Teil** des Gesprächs. Du hörst den ersten Teil des Gesprächs **noch einmal**. Markiere **dann** für die Sätze 1 bis 5: richtig oder falsch! Lies die Sätze 6 bis 11.

6	Die Freunde haben Julian beim Lernen geholfen.	richtig	falsch
7	Julians Mutter sagt, Julian telefoniert zu viel.	richtig	falsch
8	Julian hat nie Streit mit seinen Eltern.	richtig	falsch
9	Sabine sagt, dass Julian mit seinen Eltern sprechen soll.	richtig	falsch
10	Tim, Julians Freund, ist sehr gut in Englisch.	richtig	falsch
11	Julians Vater hatte letzte Woche Geburtstag.	richtig	falsch

 Jetzt hörst du den **zweiten Teil** des Gesprächs. Du hörst den zweiten Teil
des Gesprächs **noch einmal**. Markiere **dann** für die Sätze 6 bis 11: richtig oder falsch!
Schreib deine Lösungen 1 bis 11 auf den **Antwortbogen**!

Gespräch 2

Du hörst das Gespräch **in zwei Teilen**. Lies die Sätze 1 bis 5.

1	Jannick war lange nicht in der Schule.	richtig	falsch
2	Jannick ist immer noch ein bisschen krank.	richtig	falsch
3	Martin möchte zuerst nicht zu Florians Geburtstag gehen.	richtig	falsch
4	Martin hat viel Geld für ein Geburtstagsgeschenk.	richtig	falsch
5	Florian hat sehr viele Bücher zu Hause.	richtig	falsch

 Jetzt hörst du den **ersten Teil** des Gesprächs. Du hörst den ersten Teil des Gesprächs **noch einmal**. Markiere **dann** für die Sätze 1 bis 5: richtig oder falsch! Lies die Sätze 6 bis 11.

6	Die Schulband hat nächste Woche ein Konzert.	richtig	falsch
7	Jannick, Martin und Florian gehen zusammen zum Konzert.	richtig	falsch
8	Eine Karte für das Konzert kostet 10 €.	richtig	falsch
9	Die Karten kann man in der Schule kaufen.	richtig	falsch
10	Martin kauft die Karten.	richtig	falsch
11	Martin und Jannick treffen sich dann beim Geburtstag.	richtig	falsch

 Jetzt hörst du den **zweiten Teil** des Gesprächs. Du hörst den zweiten Teil
des Gesprächs **noch einmal**. Markiere **dann** für die Sätze 6 bis 11: richtig oder falsch!
Schreib deine Lösungen 1 bis 11 auf den **Antwortbogen**!

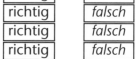

Du hörst ein Gespräch zwischen zwei Jugendlichen. Zu dem Gespräch gibt es Aufgaben.
Kreuze an: richtig oder falsch. Das Gespräch hörst du **zweimal**.

Gespräch 3

Du hörst das Gespräch **in zwei Teilen**.
Lies die Sätze 1 bis 6.

1	Claudia fliegt nicht gerne.	richtig	falsch
2	Claudia ist allein geflogen.	richtig	falsch
3	Claudia hat zwei Schwestern.	richtig	falsch
4	Im Hotel haben sie im Restaurant gefrühstückt.	richtig	falsch
5	Abends gab es immer Disko.	richtig	falsch
6	Claudia hat im Urlaub einen netten Jungen kennengelernt.	richtig	falsch

Jetzt hörst du den **ersten Teil** des Gesprächs. Du hörst den ersten Teil des Gesprächs **noch einmal**. Markiere **dann** für die Sätze 1 bis 6: richtig oder falsch! Lies die Sätze 7 bis 11.

7	Anna hat letztes Jahr in Italien Urlaub gemacht.	richtig	falsch
8	Annas Eltern sind ziemlich streng.	richtig	falsch
9	Anna und Claudia treffen sich morgen.	richtig	falsch
10	Claudia besucht morgen ihre Cousine.	richtig	falsch
11	Anna und Claudia gehen in der Innenstadt einkaufen.	richtig	falsch

Jetzt hörst du den **zweiten Teil** des Gesprächs. Du hörst den zweiten Teil des Gesprächs **noch einmal**. Markiere **dann** für die Sätze 6 bis 11: richtig oder falsch!
Schreib deine Lösungen 1 bis 11 auf den **Antwortbogen**!

Gespräch 4

Du hörst das Gespräch **in zwei Teilen**. Lies die Sätze 1 bis 6.

1	Stefan war nicht auf dem Konzert.	richtig	falsch
2	Stefan hatte Kopfschmerzen.	richtig	falsch
3	Stefan konnte nicht gut schlafen.	richtig	falsch
4	Maria hat das Konzert sehr gut gefallen.	richtig	falsch
5	Maria und ihre Freundin Ewa haben nach dem Konzert sauber gemacht.	richtig	falsch
6	Maria und Ewa haben laut gelacht.	richtig	falsch

Jetzt hörst du den **ersten Teil** des Gesprächs. Du hörst den ersten Teil des Gesprächs **noch einmal**. Markiere **dann** für die Sätze 1 bis 6: richtig oder falsch! Lies die Sätze 7 bis 11.

7	Maria hat mit der Band viel geredet.	richtig	falsch
8	Die Band hat mit Maria und Ewa Fotos gemacht.	richtig	falsch
9	Die Fotos sind erst in einer Woche fertig.	richtig	falsch
10	Stefan und Maria gehen am Wochenende zum Fußballspiel.	richtig	falsch
11	Maria und Stefan gehen am Samstag italienisch essen.	richtig	falsch

Jetzt hörst du den **zweiten Teil** des Gesprächs. Du hörst den zweiten Teil des Gesprächs **noch einmal**. Markiere **dann** für die Sätze 6 bis 11: richtig oder falsch!
Schreib deine Lösungen 1 bis 11 auf den **Antwortbogen**!

Fit in Deutsch 2

Familienname _____

Vorname _____

Hören   **Teil 1**

	Mitteilungen 1 und 2				Mitteilungen 3 und 4		
1	a	b	c	7	a	b	c
2	a	b	c	8	a	b	c
3	a	b	c	9	a	b	c
4	a	b	c	10	a	b	c
5	a	b	c	11	a	b	c
6	a	b	c	12	a	b	c

Teil 2

	Gespräch 1			Gespräch 2	
1	richtig	falsch	1	richtig	falsch
2	richtig	falsch	2	richtig	falsch
3	richtig	falsch	3	richtig	falsch
4	richtig	falsch	4	richtig	falsch
5	richtig	falsch	5	richtig	falsch
6	richtig	falsch	6	richtig	falsch
7	richtig	falsch	7	richtig	falsch
8	richtig	falsch	8	richtig	falsch
9	richtig	falsch	9	richtig	falsch
10	richtig	falsch	10	richtig	falsch
11	richtig	falsch	11	richtig	falsch

Teil 2

	Gespräch 3			Gespräch 4	
1	richtig	falsch	1	richtig	falsch
2	richtig	falsch	2	richtig	falsch
3	richtig	falsch	3	richtig	falsch
4	richtig	falsch	4	richtig	falsch
5	richtig	falsch	5	richtig	falsch
6	richtig	falsch	6	richtig	falsch
7	richtig	falsch	7	richtig	falsch
8	richtig	falsch	8	richtig	falsch
9	richtig	falsch	9	richtig	falsch
10	richtig	falsch	10	richtig	falsch
11	richtig	falsch	11	richtig	falsch

30 Min.

☛ Für den Prüfungsteil Lesen hast du **30 Minuten** Zeit.

☛ Der Prüfungsteil Lesen besteht aus **drei** Teilen.

☛ Im **Teil 1** liest du **zwei Anzeigen**.

Zu jeder Anzeige gibt es **drei Fragen**. Zu jeder Frage gibt es drei Antworten.
Du musst **eine** Antwort ankreuzen!

Am Anfang hast du ein Beispiel.

Beispiel zu Anzeige 1:

0   Die Schultheatertage sind   ☐a   im Winter.
                                               ☒   im Sommer.
                                               ☐c   im Herbst.

☛ In **Teil 2** liest du **zwei Leserbriefe**.

Zu jedem Leserbrief gibt es **fünf Sätze**. Du musst ☐richtig oder ☐*falsch* ankreuzen.

Am Anfang hast du ein Beispiel.

Beispiel zu Leserbrief 1:

0   Lennart gibt Gitarrenunterricht.   ☐richtig   ☒*falsch*

☛ Im **Teil 3** liest du einen **Artikel aus einer Jugendzeitschrift**.

Zu diesem Text gibt es **Fragen**. Du musst **kurze Antworten** schreiben.

Am Anfang hast du ein Beispiel.

Beispiel

0   Wie heißt das Mädchen?
    Sonja

☛ Deine Lösungen markierst du zuerst direkt auf dem Aufgabenblatt.
   Danach schreibst du sie auf den Antwortbogen.

Fit in Deutsch 2

Anzeigen

 Schritt 1: Schau dir nur den Titel, die Hervorhebungen und Zahlen im Text an. Was weißt du schon?

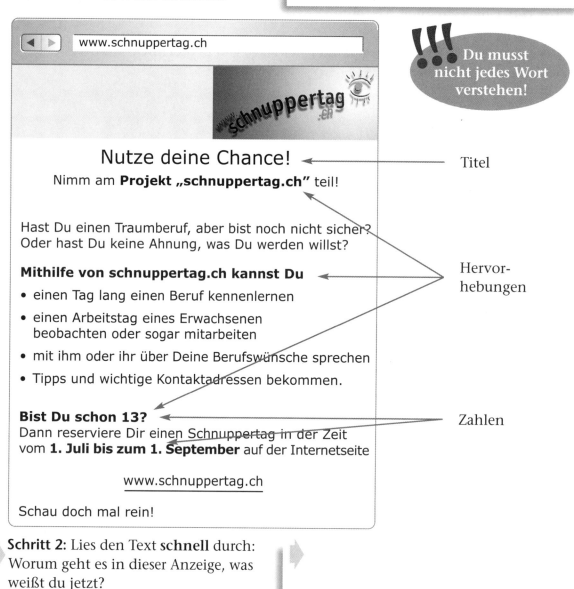

www.schnuppertag.ch

Nutze deine Chance! ← Titel

Nimm am **Projekt „schnuppertag.ch"** teil!

Hast Du einen Traumberuf, aber bist noch nicht sicher? Oder hast Du keine Ahnung, was Du werden willst?

Mithilfe von schnuppertag.ch kannst Du ← Hervor-hebungen

• einen Tag lang einen Beruf kennenlernen

• einen Arbeitstag eines Erwachsenen beobachten oder sogar mitarbeiten

• mit ihm oder ihr über Deine Berufswünsche sprechen

• Tipps und wichtige Kontaktadressen bekommen.

Bist Du schon 13? ← Zahlen
Dann reserviere Dir einen Schnuppertag in der Zeit vom **1. Juli bis zum 1. September** auf der Internetseite

www.schnuppertag.ch

Schau doch mal rein!

Du musst nicht jedes Wort verstehen!

 Schritt 2: Lies den Text **schnell** durch: Worum geht es in dieser Anzeige, was weißt du jetzt?

Aufgaben

 Schritt 3: Lies die Aufgaben. Was musst du im Text finden? <u>Unterstreiche</u> die Signalwörter in den Aufgaben wie im Beispiel.

1 Was <u>kann</u> man an einem <u>Schnuppertag</u> <u>machen</u>?
   a Man kann einen <u>Ausbildungsplatz</u> <u>bekommen</u>.
   b Man kann im <u>Internet</u> den <u>Traumberuf</u> <u>finden</u>.
   c Man kann den <u>Arbeitstag</u> <u>in einem</u> <u>Beruf</u> <u>kennenlernen</u>.

Fit in Deutsch 2

Schritt 4: Suche in der Anzeige die Signalwörter und lies die Stellen genau. Kreuze die richtige Antwort an.

 Du kannst die wichtigen Stellen mit der Aufgabennummer markieren.

Beispiel Aufgabe 1

1 Was <u>kann</u> man an einem <u>Schnuppertag</u> <u>machen</u>?

Im Text:
Mithilfe von schnuppertag.ch kannst Du …

a Man kann einen <u>Ausbildungsplatz</u> <u>bekommen</u>.	**Antwort: nicht** richtig
Im Text: Tipps und Kontaktadressen bekommen → „Ausbildungsplatz" – steht nicht im Text	Das steht nicht im Text.
b Man kann im <u>Internet</u> den <u>Traumberuf</u> <u>finden</u>.	**Antwort: nicht** richtig
Im Text: Hast Du einen Traumberuf … Dann reserviere dir einen Schnuppertag … auf der Internetseite … → Traumberuf finden ≠ Schnuppertag reservieren	Gleiche Wörter in der Aufgabe und im Text, aber sie sind nicht die Antwort auf die Frage.
☒ Man kann den <u>Arbeitstag</u> <u>in einem</u> <u>Beruf</u> <u>kennenlernen</u>.	**Antwort:** richtig
Im Text: einen Tag lang einen Beruf kennenlernen; einen Arbeitstag eines Erwachsenen beobachten …	Nicht immer gleiche Wörter in der Aufgabe und im Text, aber gleiche Bedeutung.

,etzt du!

Löse die Aufgaben 2 und 3.
Achte dabei auf die Schritte 3 und 4!

2 Wer darf an einem Schnuppertag teilnehmen?
   a Jugendliche von 13 bis 17 Jahren.
   b Erwachsene.
   c Schüler ab 13 Jahren.

3 Wann kann man an dem Schnuppertag teilnehmen?
   a In den Herbstferien.
   b Im Sommer.
   c Das ganze Jahr.

 Schritt 5: Überprüfe! Hast du überall **eine** Antwort angekreuzt? Hast du die richtige Antwort nicht gefunden?

Kreuze trotzdem eine Antwort an!

An alle Schüler und Schülerinnen der Klassen 7-9

Wir, die Klasse 8 b, planen in den Osterferien eine Klassenfahrt:

☞ **eine Busreise nach Österreich.**

Es gibt noch elf freie Plätze!!!
Die Reise dauert fünf Tage – zwei Tage Ausflüge und drei Tage Ski fahren in Tirol. Am Ostermontag sind wir wieder zu Hause. Reisekosten: 180 Euro.

☞ **Habt ihr Lust auf Ferien in den Alpen?**

Dann sprecht mit Simon oder Sandra aus der 8 b!
Wenn mehr als elf Schüler und Schülerinnen mitfahren möchten, werden wir die freien Plätze verlosen.

[b] in den Bergen wandern.
[c] am Ostermontag Ausflüge machen.

Zürcher Comic-Wettbewerb!

Das Thema für den diesjährigen Zürcher Comic-Wettbewerb ist nun bekannt!
Zeichnet eure Geschichten zum Thema „Freunde" in Comicform und schickt sie an:
Comic-Wettbewerb
Postfach 4132
CH-2230 Zürich
Einsendeschluss: 31. Januar.
Auf unserem Comicfestival vom 1. bis 6. Mai präsentieren wir die 40 besten Arbeiten!
Die fünf besten Comics könnt ihr ab Mitte Juni in der Comicserie „ComicoMania" lesen!

Alle Comicfans — mitmachen!

Lies bitte die Anzeigen.

Anzeige 1

Markiere bitte die Lösung mit einem Kreuz.

1 Was plant die Klasse 8 b in den Ferien?
   [a] Sie will nach Tirol fliegen.
   [b] Sie will mit Simon und Sandra sprechen.
   [c] Sie will mit dem Bus nach Österreich fahren.

2 Mit der Klasse 8 b können mitfahren:
   [a] elf Mädchen aus den Klassen 7–9.
   [b] fünf Mädchen und sechs Jungen.
   [c] elf Mädchen und Jungen aus den Klassen 7–9.

3 Sie wollen in Österreich
   [a] in den Alpen Ski fahren.

Anzeige 2

Markiere bitte die Lösung mit einem Kreuz.

4 Bei dem Wettbewerb muss man
   [a] Comics über Zürich zeichnen.
   [b] eine Geschichte zum Thema „Freunde" schreiben.
   [c] Comics zum Thema „Freunde" zeichnen.

5 Die Comics muss man
   [a] per Post bis Ende Januar schicken.
   [b] per E-Mail schicken.
   [c] per Post bis zum 1. Mai schicken.

6 Die 40 besten Comics
   [a] bekommen tolle Preise.
   [b] kann man beim Comicfestival sehen.
   [c] kann man in „ComicoMania" lesen.

Anzeige 3

Markiere bitte die Lösung mit einem Kreuz.

**Weihnachtsfeier
mit unserer Schulband!**

Bevor es in die Weihnachtsferien geht und wir
uns erst im nächsten Jahr wieder sehen, laden
wir alle Schüler und Schülerinnen sowie auch unsere Lehrer und
Lehrerinnen
am Freitag, 20. Dezember ab 17 Uhr zur Weihnachtsfeier ein!

**In diesem Jahr
mit Live-Musik!** Nico, Carsten, Ulli und Beate aus unserer
Schulband haben einige Weihnachtslieder
einstudiert und möchten uns auch drei
selbst geschriebene Songs präsentieren!

Nicht vergessen! Wir brauchen noch:
Selbst gebackenen Kuchen, Salate, kalte und warme Getränke!

1 Am 20. Dezember
  [a] ist ein Weihnachtsfest in der
      Schule.
  [b] beginnen die Weihnachtsferien.
  [c] beginnt um 17 Uhr eine Weih-
      nachtsfeier für die Lehrer.

2 Die Schüler und Schülerinnen der
  Schulband wollen
  [a] mit Beate singen.
  [b] Weihnachtslieder und andere
      Lieder spielen.
  [c] drei Weihnachtslieder singen.

3 Was muss man mitbringen?
  [a] CDs und Kassetten.
  [b] Etwas zum Essen und Trinken.
  [c] Tee und Kaffee.

Anzeige 4

Markiere bitte die Lösung mit einem Kreuz.

**Du möchtest
Inline-Skaten lernen?**
**Dann ist der Inline-Skate-Anfängerkurs für Jugendliche
genau das Richtige für Dich!**

Im Anfängerkurs lernst du Falltechniken, Bremstechniken, Slalomfahren
und das sichere Skaten. Außerdem kannst Du nette Leute zum
Skaten in der Freizeit kennen lernen, denn in der Gruppe macht das
Inline-Skaten am meisten Spaß.

Du musst mitbringen:
• Inlineskates
• Schutzausrüstung für Ellenbogen, Knie und Handgelenke
• Helm
• Sportschuhe (für Fitnessübungen vor dem Skaten).

Termin: Sonntag, der 28. Mai von 12.00 Uhr bis ca. 16.00 Uhr
Ort: Skaterplatz unter der Autobahnbrücke
Kosten: Der Kurs kostet pro Person 10 Euro.

4 Wer kann bei dem Inline-Skate-
  Kurs mitmachen?
  [a] Nette Leute.
  [b] Jugendliche und Erwachsene.
  [c] Nur Jugendliche.

5 Im Anfängerkurs lernt man
  [a] Techniken zum sicheren Skaten.
  [b] Skaten in der Gruppe.
  [c] Fitnessübungen.

6 Der Kurs findet statt:
  [a] am Samstag.
  [b] immer sonntags von 12 bis 16 Uhr.
  [c] nur am 28. Mai.

Fit in Deutsch 2

Leserbrief

Schritt 1: Lies den Text **schnell** durch
und fasse **kurz** zusammen:
Wer schreibt?
Was schreibt er/sie über sich?
Was ist das Problem?

In einer deutschen Jugendzeitschrift findest du Briefe von Lesern
an Frau Dr. Möller, Psychologin.

Liebe Frau Dr. Möller,
vielleicht können Sie auch mir helfen. Ich bin ein
großer <u>Fan</u> von den <u>Wintersportarten wie Eishockey</u>
(und vom Eishockeyclub „Eisbären Berlin"!), Rodeln,
Biathlon und anderen. Seit einem Jahr <u>lese ich
jeden Tag den Sportteil in unserer Tageszeitung.</u>
Und auf einmal war es klar: Ich <u>möchte Journalist werden</u> und
genauso über Sport in einer Zeitung schreiben. Aber <u>meine Noten
in Deutsch sind nicht so gut</u> und mein Deutschlehrer sagt immer,
dass meine Klassenarbeiten sehr schlecht sind. Aber haben denn
alle Journalisten in der Schule eine Eins in Deutsch gehabt? Ist es
wichtig, wie ich im Deutschunterricht schreibe? Die Themen der
Klassenarbeiten sind ja auch nicht besonders interessant. Ich <u>möchte</u>
mit jemandem darüber <u>sprechen</u>, nur <u>nicht mit meinen Eltern</u>. Aber
mit wem?
Ich danke Ihnen für Ihre Antwort im Voraus,
<u>Jonas</u>

Wer schreibt?
Jonas

Was schreibt er über sich?
Sportfan, Wintersportarten, „Eisbären Berlin", liest Zeitung – Sport, möchte Journalist werden

Was ist das Problem?
schlechte Noten in Deutsch, möchte nicht mit Eltern sprechen

 Fasse kurz zusammen. Dann kannst du die Aufgaben besser lösen.

Fit in Deutsch 2

Aufgaben

Schritt 2: Lies die Aufgaben. Was musst du im Text finden? <u>Unterstreiche</u> die Signalwörter in den Aufgaben wie im Beispiel.

1　Jonas <u>interessiert sich</u> für <u>Sport</u>.　　　　| richtig | | falsch |
2　Jonas <u>spielt</u> bei <u>„Eisbären Berlin"</u>.　　　| richtig | | falsch |

Schritt 3: Suche im Brief die Signalwörter und lies die Stellen genau. Kreuze die richtige Antwort an.

1　Jonas <u>interessiert sich</u> für den <u>Sport</u>.

Im Text:
Ich bin ein großer Sportfan. Seit einem Jahr lese ich jeden Tag den Sportteil in unserer Tageszeitung.
→ „interessiert sich" = Sportfan; jeden Tag Sportteil lesen

Antwort: | falsch |

Nicht immer gleiche Wörter in der Aufgabe und im Text, aber gleiche Bedeutung!

2　Jonas <u>spielt</u> bei <u>„Eisbären Berlin"</u>.

Im Text:
Ich bin ein großer Fan von den Wintersportarten wie Eishockey (und vom Eishockeyclub „Eisbären Berlin"!).
→ „spielen" steht nicht im Text
→ Jonas ist Fan von den „Eisbären Berlin"; Fan von einer Mannschaft ≠ „spielen"

Antwort: | richtig |

Das Wort steht nicht im Text. Gleiche Wörter in der Aufgabe und im Text, aber sie sind nicht die Antwort auf die Frage.

Jetzt du!

Löse die Aufgaben 3 bis 5. Achte dabei auf die Schritte 2 und 3!

3　Er will Sportjournalist werden.　　　　　| richtig | | falsch |
4　Er schreibt gute Klassenarbeiten.　　　　| richtig | | falsch |
5　Jonas hat schon mit seinen Eltern darüber gesprochen.　　| richtig | | falsch |

Schritt 4: Überprüfe! Hast du überall **eine** Antwort angekreuzt? Hast du die richtige Antwort nicht gefunden? Kreuze trotzdem eine Antwort an!

In einer deutschen Jugendzeitschrift findest du Briefe von Lesern an Frau Dr. Möller, Psychologin.

Leserbrief 1   **Leserbrief 2**

Liebe Frau Dr. Möller,
Jenny und ich kennen uns jetzt schon seit sieben Jahren. Sie ist meine beste Freundin. Aber jetzt nervt sie mich. Jeden Tag das gleiche: Zwischen 17:30 und 20:15 Uhr sitzt sie nur vor dem Fernseher und sieht sich diese Serien an. Da kann ich sie nicht anrufen. Sie geht nicht mal ans Telefon. Ich verstehe nicht, wie kann man nur drinnen sitzen und diese blöden Serien angucken? Das Wetter ist jetzt so toll, ich möchte Inliner oder Fahrrad fahren. Sie hat dafür keine Zeit. Deshalb treffe ich mich mit anderen Freunden. In der Schule hört sie dann, dass ich etwas mit anderen zusammen gemacht habe, und dann ist sie sauer auf mich. In letzter Zeit haben wir immer wieder Streit. Aber ich möchte das nicht. Unsere Freundschaft ist mir sehr wichtig. Aber manchmal denke ich, ich bin meiner Freundin nicht mehr so wichtig. Ich glaube, andere Freunde verstehen mich besser als sie. Was soll ich nur tun?
Können Sie mir einen Rat geben?
Annika

Liebe Frau Dr. Möller,
ich gehe in die 6. Klasse und merke, wie ich in der Schule immer schlechter werde. Früher war ich eine der besten Schülerinnen in der Klasse und jetzt... Wir haben gestern eine Mathe-Arbeit geschrieben und ich habe nicht mal die Hälfte der Aufgaben geschafft. Und auch diese Aufgaben, glaube ich, sind fast alle falsch. Ich habe letztes Mal schon eine 4 bekommen. Und vor zwei Wochen habe ich einen Chemietest geschrieben und in diesem Test habe ich eine 5! Wie komme ich wieder auf meine guten Noten von früher? Ich muss ehrlich sagen, ich möchte eine der besten sein! Meine Eltern wollen auch immer, dass ich gute Klassenarbeiten schreibe, und ich will das auch. Aber in letzter Zeit geht es einfach nicht. Von meinen schlechten Noten habe ich meinen Eltern noch gar nichts erzählt.
Ich weiß nicht, was mit mir los ist. Bitte helfen Sie mir.
Amelie

Fragen 1–10: Was ist richtig und was ist falsch?

Leserbrief 1

1   Jenny guckt sich immer Videos an.   `richtig`   `falsch`

2   Annika und Jenny telefonieren oft nachmittags.   `richtig`   `falsch`

3   Annika verbringt nun viel Zeit mit anderen Freunden.   `richtig`   `falsch`

4   Jenny streitet sich mit Annikas Freunden.   `richtig`   `falsch`

5   Annika möchte Jennys beste Freundin bleiben.   `richtig`   `falsch`

Leserbrief 2

6   Amelie hatte früher sehr gute Noten.   `richtig`   `falsch`

7   Die Mathe-Arbeit war für Amelie zu leicht.   `richtig`   `falsch`

8   Der Chemietest hatte fünf Aufgaben.   `richtig`   `falsch`

9   Amelie möchte gute Noten haben.   `richtig`   `falsch`

10 Amelies Eltern wissen noch nicht, dass sie schlechte Noten hat. `richtig`   `falsch`

In einer deutschen Jugendzeitschrift findest du Briefe von Lesern an Frau Dr. Möller, Psychologin.

Leserbrief 3   ## Leserbrief 4

Liebe Frau Dr. Möller,
ich bin in der 7. Klasse in der Realschule und ich habe einen großen Traum.
Ich möchte nämlich sofort nach der Schule für ein Jahr nach Australien gehen. Ich finde, Australien ist ein tolles Land – Natur, Tiere, Städte, Wüste und der Ozean...
Meine Eltern wissen von meinem Traum. Meine Mutter findet ihn super, mein Vater meint aber, ich soll vernünftig sein und erst einmal einen Beruf lernen und nicht so viel träumen. Dann sagt er auch immer, dass wir nicht so viel Geld haben und dass er das nicht bezahlen kann. Aber irgendwie muss es doch gehen. Vielleicht kann ich in Australien als Au-pair-Mädchen arbeiten? Oder vielleicht als Austauschschülerin noch während meiner Schulzeit dahin? Haben Sie noch eine Idee? Und wie mache ich das dann?
Annette

Liebe Frau Dr. Möller,
heute ist der 15. Mai. Und in zwei Wochen will ich mit meinen Freunden zu einem wichtigen Fußballspiel fahren. Wir haben das schon im März geplant und auch schon Eintrittskarten gekauft. Und jetzt klappt das nicht. Der Grund:
Meine Eltern organisieren jedes Jahr für die ganze Verwandtschaft eine Gartenparty mit Grillen. Da kommen meine Tanten und Onkel und Cousinen und Cousins zu uns. Diese Party feiern wir immer im Juni. Aber dieses Jahr will meine Cousine im Juni nach Mexiko fliegen und dort ein Praktikum machen. Deshalb ist die Gartenparty schon früher – am 30. Mai. Aber am 30. Mai will ich zum Fußballspiel gehen! Meine Eltern interessiert das nicht. Ich finde, das ist nicht in Ordnung. Ist denn mein Fußballspiel nicht so wichtig? Bin ich denn weniger wichtig als meine Cousine? Übrigens: Von dem Fußballspiel wissen sie bereits seit März.
Was soll ich nun machen?
Christian

Fragen 1–10: Was ist richtig und was ist falsch?

Leserbrief 3

1	Annette träumt oft in der Schule.	richtig	falsch
2	Annette möchte nach der Schule ins Ausland gehen.	richtig	falsch
3	Sie möchte für immer in Australien leben.	richtig	falsch
4	Annettes Mutter findet die Idee toll.	richtig	falsch
5	Annettes Familie hat nicht genug Geld für eine Reise nach Australien.	richtig	falsch

Leserbrief 4

6	Christians Freunde wollen Fußball spielen.	richtig	falsch
7	Am 30. Mai machen Christians Eltern eine Gartenparty.	richtig	falsch
8	Die Gartenparty ist nur in diesem Jahr im Mai.	richtig	falsch
9	Christians Cousine muss im Juni nach Mexiko reisen.	richtig	falsch
10	Christian hat den Eltern noch nichts vom Fußballspiel erzählt.	richtig	falsch

Fit in Deutsch 2

Fit in Deutsch 2

Zeitungsartikel

 Schritt 1: Schau dir den Titel und das Bild an: Was ist das Thema?

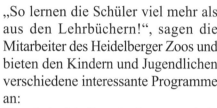

Zoo-Schule, Zoo-Kurse, Zoo-Camps: Im Heidelberger Zoo ist was los!

„So lernen die Schüler viel mehr als aus den Lehrbüchern!", sagen die Mitarbeiter des Heidelberger Zoos und bieten den Kindern und Jugendlichen verschiedene interessante Programme an:
Zum Beispiel gibt es in der Zoo-Schule Heidelberg Biologie ‚live'. Im Jahr nehmen an diesem Unterricht rund 4000 Schüler teil. Sie erfahren dabei viel über Tiere, Tier- und Naturschutz. Was gibt es noch?
Der Heidelberger Zoo bietet auch Zoo-Kurse an. Ein halbes Jahr lang kommen die Kinder und Jugendlichen einmal in der Woche in den Zoo. Sie arbeiten in kleinen Gruppen an verschiedenen Themen, z. B. „Welche Tiere leben in meinem Garten?", „Wer frisst wen?"

Man kann im Zoo aber auch Ferien machen. Kinder und Jugendliche von 6 bis 13 Jahren sind eine Woche lang von 9:30 bis 12:30 im Zoo. In dieser Zeit lernen sie viel über den Zoo, die Tiere und die vielen Aufgaben der Tierpfleger. Und: Sie helfen auch fleißig mit.
Immer noch nicht genug? Na dann – Es gibt auch noch so genannte Zoo-Camps. Die Camps beginnen samstags um 17:00 Uhr und enden sonntags gegen 10:00 Uhr. Im Zoo-Camp geht man in der Nacht durch den Zoo und lernt die Tiere der Nacht kennen, vor allem Fledermäuse. Natürlich essen alle zusammen zu Abend und schlafen im Zoo. Nach dem Frühstück geht's dann wieder nach Hause.

Schritt 2: Lies den Artikel **schnell** durch und fasse in Stichworten **kurz** zusammen: Was hast du über das Thema aus Schritt 1 erfahren?

 Fasse kurz zusammen. Dann kannst du die Aufgaben besser lösen.

Aufgaben

 Schritt 3: Markiere das Fragewort und <u>unterstreiche</u> die Signalwörter in den Fragen wie im Beispiel.

1 Wo können die <u>Heidelberger</u> <u>Schüler</u> etwas über <u>Biologie</u> <u>lernen</u>?

Schritt 4: Suche die Signalwörter im Artikel wie im Beispiel und achte auch auf das Fragewort.

1 Wo können die Heidelberger Schüler etwas über Biologie lernen?

→ **Mögliche Antwort:** in …, an …, bei …, … + Ort

Im Text:
In der Zooschule Heidelberg gibt es Biologie ‚live'. Im Jahr nehmen an diesem Unterricht rund 4000 Schüler teil.
→ „lernen" steht nicht im Text.
→ Signalwörter in der Frage: Schüler lernen Biologie = *Im Text:* es gibt Biologie

Schritt 5: Schreibe in Stichworten eine Antwort auf die Frage.

☹ *In der Zooschule Heidelberg gibt es Biologie ‚live'.*

☺ *In der Zooschule Heidelberg.*

oder

☺ *Im Zoo Heidelberg.*

Schreibe die Antwort nur in einzelnen Wörtern.

Jetzt du!

Antworte auf die Fragen 2 bis 5.
Achte auf die Schritte 3 bis 5.

2 Welche Themen gibt es im Zoo-Unterricht?

_____

3 Wie lange dauern die Zoo-Kurse?

_____

4 Wer darf an den Zoo-Ferien teilnehmen?

_____

5 Wann findet ein Zoo-Camp statt?

_____

Fit in Deutsch 2

Artikel 1

In einer deutschen Jugendzeitschrift findest du diesen Artikel:

Harry-Potter-Nacht

Der 30. September und der 1. Oktober 2005 waren ganz besondere Tage in Deutschland. Nein, falsch! Ganz besonders war die Nacht vom 30. September auf den 1. Oktober! Der Grund: Am 1. Oktober 2005 startete der Verkauf von „Harry Potter und der Halbblutprinz" von J.K. Rowling. Das ist der 6. Band von „Harry Potter" in deutscher Sprache. Am Abend des 30. September war ganz Deutschland im Harry-Potter-Fieber. Die Harry-Potter-Fans wollten nicht nur einfach auf ihren neuesten Harry-Potter warten: Sie wollten feiern! In Potter- und Hexen-Kostümen haben sie Zauberpartys gefeiert und bei Kerzenlicht aus den ersten Harry-Potter-Bänden vorgelesen.

Zahlreiche Potter-Fans wollten nicht bis zum Morgen auf den 6. Band warten – und das mussten sie auch nicht. Sie konnten ihn schon vorher kaufen, denn viele Buchhandlungen in ganz Deutschland öffneten schon in der Nacht zum 1. Oktober um 00:01 Uhr.
Wer nicht in der Buchhandlung kaufen wollte, hat den neuen „Harry Potter" einfach beim Verlag bestellt. Die Deutsche Post hat dann noch in der Nacht zwischen 00:00 und 2:00 Uhr mehr als 100 000 Harry-Potter-Bücher direkt nach Hause gebracht. Viele Potter-Fans – Kinder, Jugendliche und auch Erwachsene – haben in dieser Nacht nicht mehr geschlafen; sie haben sofort mit dem Lesen begonnen.

Antworte auf die Fragen mit wenigen Wörtern.

0   Was war ganz besonders am 30. September und 1. Oktober?

Die Nacht.

1   Seit wann kann man das Buch „Harry Potter und der Halbblutprinz" auf Deutsch kaufen?

_____

2   Was haben die Harry-Potter-Fans am Abend des 30. September gemacht?

_____

3   Wann konnten die Potter-Fans in die Buchhandlungen gehen und den Harry Potter kaufen?

_____

4   Wer hat den Leserinnen und Lesern den neuen Harry Potter nach Hause gebracht?

_____

Schreibe jetzt deine Lösungen auf den **Antwortbogen**.

Artikel 2

In einer deutschen Jugendzeitschrift findest du diesen Artikel:

Weißt du, was ein Fernpendler ist? Das ist ein Mensch, der zu seiner Arbeit weit wegfahren muss von zu Hause. Das heißt, er kann nicht jeden Tag wieder nach Hause kommen.

So ist es auch bei Familie Wiegand in Saarbrücken. Herr Wiegand ist Programmierer. Früher hatte er einen anderen Job, aber er war unzufrieden. Vor fünf Jahren hat er eine neue Arbeit gefunden – als Programmierer bei einer Software-Firma in München. Er hat es ausprobiert. Die Arbeit ist sehr interessant und er verdient viel Geld. Aber das bedeutet auch, dass Herr Wiegand jeden Montagmorgen um 4.50 Uhr aufstehen und nach München

fahren muss. Am Donnerstagabend fährt er dann wieder fünf bis sechs Stunden nach Hause. Wenn er zu Hause ankommt, schläft sein Sohn Felix schon.

Felix ist zehn Jahre alt und er bleibt lieber zu Hause, wenn sein Vater da ist. Deshalb trifft er sich am Wochenende nie mit seinen Freunden. Die ganze Familie möchte am Wochenende viel Zeit miteinander verbringen. Viele fragen natürlich: „Warum zieht ihr nicht nach München?" Das haben Felix' Eltern schon oft besprochen. In Saarbrücken haben sie ein Haus. Das wollen sie nicht verkaufen. Außerdem sind Wohnungen in München zu teuer.

Antworte auf die Fragen mit wenigen Wörtern.

0 Wer ist Fernpendler in der Familie Wiegand?

Herr Wiegand

1 Wie lange arbeitet Herr Wiegand schon in München?

_____

2 Wie lange muss Herr Wiegand zur Arbeit fahren?

_____

3 An welchem Tag ist Herr Wiegand wieder zu Hause?

_____

4 Mit wem ist Felix am Wochenende zusammen?

_____

Schreibe jetzt deine Lösungen auf den **Antwortbogen**.

Artikel 3

In einer deutschen Jugendzeitschrift findest du diesen Artikel:

Anja schenkt ihren Eltern zum Hochzeitstag ...einen Zeitungsartikel

Vor kurzer Zeit hat die Redaktion der Stadtzeitung „Extra Tipp" einen Anruf bekommen: Am Telefon war die 14-jährige Anja Thielemann und erzählte eine interessante Geschichte. Ihre Eltern haben... zum zweiten Mal geheiratet! Die letzten Jahre waren sehr schwierig für Familie Thielemann. Die Mutter von Anja war krank und musste sehr lange im Krankenhaus bleiben. Ihr Vater musste viel arbeiten und oft verreisen. Die Familie war also sehr selten zusammen. Jetzt ist Anjas Mutter wieder gesund. Die Familie ist in den Sommerferien in die USA, nach Florida, gereist. Da hat Anjas Vater alle überrascht – er hat Anjas Mutter noch einmal geheiratet. So wollte er zeigen, dass er seine Frau sehr liebt. Er hat ihr sogar ein weißes Brautkleid geschenkt. Anjas Eltern haben in einem Ferienpark am Ozean geheiratet. Sie und ihre Kinder – Anja und ihre 12-jährigen Zwillingsbrüder Lukas und Paul – haben auf einer Matratze im Wasser gesessen. Und im Wasser haben Delfine getanzt. Jetzt sind sie aus den USA zurückgekommen. Auch Anja wollte den Eltern zu ihrer zweiten Hochzeit ganz besonders gratulieren. Sie hat die Zeitungsredaktion gebeten, über die große Liebe und zweite Hochzeit ihrer Eltern in der Zeitung zu schreiben. Die Redaktion hat das mit großer Freude getan!

Antworte auf die Fragen mit wenigen Wörtern.

0　Wo war Anjas Mutter in den letzten Jahren sehr lange?

Im Krankenhaus

1　Was haben Anjas Eltern in Florida zum zweiten Mal gemacht?

_____

2　Wo genau haben sie gefeiert?

_____

3　Wer hat an der Hochzeit teilgenommen?

_____

4　Wie hat die Zeitungsredaktion Anja beim Gratulieren geholfen?

_____

Schreibe jetzt deine Lösungen auf den **Antwortbogen**.

Artikel 4

In einer deutschen Jugendzeitschrift findest du diesen Artikel:

Brücken aus Nudeln

Die Nudeln sind nicht nur zum Essen da, das haben die Schüler des Goethe-Gymnasiums aus Kassel mit interessanten Experimenten gezeigt. In diesem Jahr haben 36 von 135 Schülern der 9. Klasse das Wahlfach Physik genommen. „Physik hat mich schon immer interessiert, weil sie simpel und logisch ist", erklärt Anna Scharf (15), eines von drei Mädchen im Kurs von Physik-Lehrer Jens Pflüger. Thema des ersten Halbjahres im Physik-Wahlfach war „Brücken bauen". Die Schüler mussten dabei auch ganz praktisch arbeiten und aus Nudeln Brücken bauen! Die Brücken mussten mindestens einen Meter lang sein und zehnmal mehr Gewicht tragen können als sie selber wiegen. Also, wenn eine Brücke zwei Kilogramm hatte, musste sie 20 Kilogramm tragen. Die Schüler durften nur mit Nudeln und heißem Klebstoff arbeiten. Ein halbes Jahr haben die jungen Physiker in Gruppenarbeit die „Nudel-Brücken" konstruiert. Am Ende haben sie dann ihre Modelle präsentiert.

Die stabilste Brücke aus Nudeln ist 1,6 Kilogramm schwer und trägt über 17 Kilogramm. „Da kann meine zweijährige Tochter sitzen, und die Brücke geht nicht kaputt", sagt Physik-Lehrer Jens Pflüger. "Ich finde es cool, dass wir aus Nudeln Brücken gemacht haben", sagt Anna. Ihr und den anderen Schülern hat der Job als Brücken-Konstrukteur Spaß gemacht.

Antworte auf die Fragen mit wenigen Wörtern.

0   In welchem Fach haben die Schüler Experimente gemacht?

In Physik _____

1   Wie findet Anna Scharf Physik?

_____

2   Welche Materialien durften die Schüler bei der Brücken-Konstruktion benutzen?

_____

3   Wie lange haben die Schüler an den Modellen gearbeitet?

_____

4   Wie ist die stabilste Brücke?

_____

Schreibe jetzt deine Lösungen auf den **Antwortbogen**.

Familienname _____

Vorname _____

Fit in Deutsch 2

Lesen   **Teil 1**

	Anzeige 1		**Anzeige 2**		**Anzeige 3**		**Anzeige 4**
1	a b c	4	a b c	1	a b c	4	a b c
2	a b c	5	a b c	2	a b c	5	a b c
3	a b c	6	a b c	3	a b c	6	a b c

Teil 2

	Leserbriefe 1 und 2			**Leserbriefe 3 und 4**	
1	richtig	falsch	1	richtig	falsch
2	richtig	falsch	2	richtig	falsch
3	richtig	falsch	3	richtig	falsch
4	richtig	falsch	4	richtig	falsch
5	richtig	falsch	5	richtig	falsch
6	richtig	falsch	6	richtig	falsch
7	richtig	falsch	7	richtig	falsch
8	richtig	falsch	8	richtig	falsch
9	richtig	falsch	9	richtig	falsch
10	richtig	falsch	10	richtig	falsch

Teil 3

Artikel 1

1 _____

2 _____

3 _____

4 _____

Artikel 2

1 _____

2 _____

3 _____

4 _____

Artikel 3

1 _____

2 _____

3 _____

4 _____

Artikel 4

1 _____

2 _____

3 _____

4 _____

☛ Für den Prüfungsteil Schreiben hast du **30 Minuten** Zeit.

☛ In diesem Teil musst du auf eine **Anzeige** mit einem **Brief antworten**.

20 Min.

☛ Du bekommst **vier Inhaltspunkte. Zu jedem Punkt** musst du **ein bis zwei Sätze** schreiben!

☛ Insgesamt sollen es etwa **50 Wörter** sein.

☛ Schreibe deinen Text bitte auf den **Antwortbogen** und bitte **nicht** mit Bleistift.

☛ **Wörterbücher** sind **nicht** erlaubt.

☛ Lass dir auch **Zeit** für die **Korrektur**.

5 Min.

Fit in Deutsch 2

Fit in Deutsch 2

Text

 Schritt 1: Lies die Anzeige genau durch.
Was ist das Thema?

> Suche Brieffreunde aus aller Welt!!!
>
> Hallo Leute!
> Ich heiße Julia und komme aus Hameln. Das
> ist in Deutschland! Ich bin 15 Jahre alt
> und lerne in der Schule Englisch und
> Italienisch! Meine Hobbys sind: Texte für
> die Schülerzeitung schreiben, wo ich
> Chefredakteurin bin, mich mit meinen
> Freunden treffen, manchmal Schule und noch
> vieles mehr!
>
> Und wer bist Du? Hast Du Lust mir auf
> Deutsch zu schreiben?
> Ich beantworte jeden Brief! Versprochen!
>
> Meine Adresse: funnyjulia@gmx.de

Thema: Eine 15-jährige Schülerin aus Deutschland sucht einen ausländischen Brieffreund/ eine ausländische Brieffreundin.

Vor dem Schreiben

 Schritt 2: Lies die Inhaltspunkte genau
durch. Unterstreiche bei jedem Punkt
die Signalwörter!

 Zuerst musst du dich immer vorstellen! Schau dir dazu in Fit 1, Sprechen Teil 1, S. 34 an.

1 Stell dich vor (Name, Alter, Schule, Hobbys).

2 Wie lange lernst du schon Deutsch?

3 Hast du auch andere Brieffreunde?

4 Wie oft kannst du Julia schreiben?

 Schritt 3: Schreibe zu jedem Punkt bzw.
Signalwort ein paar Stichworte auf ein
Extra-Blatt auf!

1 Name: *Mihai*
   Alter: *14*
   Schule: *Gymnasium in Bukarest*
   Hobbys: *Ski fahren, Interviews machen für die Schülerzeitung,*
                            Partys

2 Wie lange? … Deutsch lernen   *zwei Jahre*

3 Andere Brieffreunde?   *ein Brieffreund, in England, Johnny, nett*

4 Wie oft? … Julia schreiben.   *zweimal pro Monat, passt das?, öfter nicht,*
                                  ich muss in die Schule

Beim Schreiben

 Schritt 4: Lies die beiden Texte und vergleiche.

1 *Mihai • 14 • Gymnasium in Bukarest • Ski fahren, Interviews machen für die Schülerzeitung, Partys*

☹ *Ich heiße Mihai. Ich bin 14 Jahre alt. Ich besuche ein Gymnasium in Bukarest. Ich fahre gern Ski in der Freizeit. Ich gehe auf Partys. Ich mag auch Fremdsprachen. Ich schreibe auch für unsere Schülerzeitung. Ich darf auch manchmal Interviews machen. Dann freue ich mich. Ich spreche mit Schülern, Lehrern, manchmal auch mit Popstars. Das finde ich aufregend.*

> Die Sätze beginnen immer mit „Ich". Das ist nicht schön!

☺ *Mein Name ist Mihai. Ich bin 14 Jahre alt und besuche ein Gymnasium in Bukarest. In der Freizeit fahre ich gern Ski oder ich gehe auf Partys. Außerdem mag ich auch Fremdsprachen. Ich schreibe, so wie Du, für unsere Schülerzeitung. Besonders freue ich mich, wenn ich Interviews machen darf. Dann spreche ich mit Schülern, Lehrern, manchmal auch mit Popstars. Das finde ich natürlich immer sehr aufregend.*

① Beginne deine Sätze unterschiedlich.
Auf Position 1 können stehen:
- Akkusativobjekt: *diese Sprache, …*
- temporale Angaben: *seit zwei Jahren, im Winter, danach, …*
- lokale Angaben: *in meinem Land, in Wien, dort, …*
- Adverbien: *deshalb, gern, leider, natürlich, …*

Das Verb steht immer auf Position 2!!!

② Verbinde Hauptsätze mit: *und, oder, aber, dann, außerdem …*

③ Schreib auch Nebensätze mit: *weil, dass, wenn, …* Das Verb steht immer am Ende!

④ Extra-Wörter wie: *besonders, natürlich, vielleicht, immer, …* machen deinen Text lebendiger!!!

①

②

③

④

Jetzt du!

Schreibe die Sätze „schöner".
Die Wörter im Kasten helfen dir.

2 *zwei Jahre*

☹ *Ich lerne seit zwei Jahren Deutsch. Ich mag Deutsch sehr. Ich freue mich über deine Anzeige. Ich kann eine deutsche Brieffreundin haben.*

> Seit zwei Jahren … schon • auch … mein Lieblingsfach •
> Deshalb … natürlich sehr • Ich bin froh, dass …

☺ *Seit* _____
_____
_____
_____

3 *ein Brieffreund • in England • Johnny • nett*

☹ *Ich habe einen Brieffreund in England. Er heißt Johnny. Er ist sehr nett. Wir können uns alle drei in Bukarest treffen.*

> schon • Sein Name • Wir … vielleicht … einmal

☺ *Ich* _____
_____
_____
_____

4 *zweimal pro Monat • passt das? • öfter nicht • ich muss in die Schule*

☹ *Ich könnte dir zweimal pro Monat schreiben. Passt dir das? Ich kann nicht öfter. Ich muss in die Schule gehen.*

> Zweimal pro Monat … • Öfter … leider …, weil … auch

☺ *Zweimal pro Monat* _____
_____
_____
_____

Fit in Deutsch 2

Der Brief im Deutschen

Ort, Datum	Bukarest, 8. 5. 2...
Anrede	Liebe Julia,/
	Lieber Paul,/
	Hallo Julia/Paul,/
	Liebe Freunde,
Einleitungssatz	gerne möchte ich Dir schreiben.
Inhaltspunkte	...
Schlusssatz	Ich warte auf eine Antwort von Dir.
Gruß	Liebe/Viele/Herzliche Grüße,/
	Bis bald,/Bis dann,
	Tschüs,
Unterschrift	Mihai

> *An Freunde/ Jugendliche im gleichen Alter schreibt man immer in der Du-Form.*

Fit in Deutsch 2

Für den Anfang und den Schluss gibt es Redemittel.

Einleitungssatz

Liebe Julia, ... / Lieber Paul, ...
- gerne möchte ich Dir schreiben.
- das Thema / das Projekt / die Aktion ist interessant.
- an dem Projekt / der Aktion will ich natürlich teilnehmen.
- Deine Anzeige / das Projekt finde ich sehr interessant.

Schlusssatz

- Ich warte auf eine Antwort von Dir.
- Antworte(t) mir bitte bald.
- Ich freue mich auf unser Projekt.
- Ich hoffe, Du antwortest bald.
- Hoffentlich sehen wir uns bald.

Nach dem Schreiben

Schritt 5: Überprüfe deinen Brief!

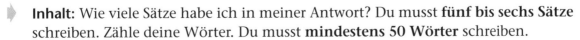

- **Inhalt:** Wie viele Sätze habe ich in meiner Antwort? Du musst **fünf bis sechs Sätze** schreiben. Zähle deine Wörter. Du musst **mindestens 50 Wörter** schreiben.
- Steht zu **jedem Inhaltspunkt mindestens ein Satz?**
- **Form:** Habe ich in meiner Antwort **Anrede, Einleitung, Schlusssatz, Gruß** und **Unterschrift?**

Anzeige 1

Du lernst in Deutschland an einer großen
Sprachschule Deutsch und bekommst
diese Information:

Antworte bitte mit einem **Brief** (mindestens
50 Wörter). Schreibe **zu jedem Punkt** bitte
ein bis zwei **Sätze**.

Das Jugendmagazin möchte einiges
von dir wissen:

1   Stell dich vor
    (Name, Alter, Land, Hobbys)
2   Welche Sprachen sprichst du?
3   Wie lange bleibst du in Deutschland?
4   Wann und wie oft in der Woche hast
    du Zeit?

> # Tu etwas mehr für dein Deutsch!
>
> **Wie das geht?**
> **Ganz einfach!**
> „Extra", das Jugendmagazin, produziert von Jugendlichen
> für Jugendliche, sucht Mitarbeiter aus dem Ausland. Wenn
> Du zwischen 14 und 20 bist und gerne schreibst oder Dich
> mit Leuten triffst, kannst Du bei uns als Reporter arbeiten.
>
> Hast Du Interesse? Dann melde Dich bitte bei uns oder
> schreib uns einen Brief.

Schreibe deinen Text bitte auf den **Antwortbogen**.

Anzeige 2

Du bist in deiner Heimatstadt und diese
Anzeige hängt in deiner Schule am
schwarzen Brett. Du liest diese Anzeige:

Antworte bitte mit einem **Brief** (mindestens 50 Wörter).
Schreibe **zu jedem Punkt** bitte ein bis zwei **Sätze**.

Gerald möchte einiges von dir wissen:

1   Stell dich bitte vor
    (Name, Alter, Land, Stadt, Hobbys)
2   Warst du schon einmal im Ausland? Wo?
3   Was möchtest du in deiner Stadt zeigen?
4   Wann und wo kannst du Gerald zum
    ersten Mal treffen?

> ### Hast du Lust im August
> ### Reiseführer zu sein?
>
> Bist Du im August in deiner Heimatstadt? Sprichst Du
> gern Deutsch?
> Wir sind eine Gruppe von Schülern aus Deutschland,
> genauer aus Stuttgart. Zwischen dem 08. und dem
> 15. August machen wir eine Klassenfahrt in deine
> Heimatstadt.
> Wir denken, es ist viel schöner, wenn uns jemand in
> unserem Alter die Stadt zeigt und etwas auf Deutsch
> erzählt.
>
> Interessiert Dich das? Dann melde Dich bei uns oder
> schreib uns einen Brief.
>
> Adresse: Gerald Roller, Klasse 8B, Stuttgart

Schreibe deinen Text bitte auf den **Antwortbogen**.

Fit in Deutsch 2

Anzeige 3

Du lernst in Deutschland an einer großen Sprachschule Deutsch und bekommst
diese Information:

Antworte bitte mit einem **Brief** (mindestens 50 Wörter).
Schreibe **zu jedem Punkt** bitte ein bis zwei **Sätze**.

Das Videoteam möchte einiges von
dir wissen:

1   Stell dich bitte vor
    (Name, Alter, Land, Hobbys)
2   Wie oft in der Woche lernst du
    Deutsch?
3   Erzähle kurz über eine Erfahrung beim
    Deutschlernen!
4   Gib einem Anfänger zwei wichtige
    Tipps!

> **Videoprojekt: „Wie ich Deutsch lerne"**
> **Willst du mitmachen?**
> **Dann lies weiter!**
>
> Wie hast Du Deutsch gelernt? Wie hast Du Dich organisiert?
> Was hat Dir Schwierigkeiten gemacht?
> Berichte über Deine Erfahrungen!
> Wir filmen Dich beim Lernen: zu Hause und in der
> Sprachenschule, in Deiner Freizeit: beim Einkaufen, beim
> Spazierengehen, in der Kneipe.
> Am Ende der Kurse wartet auf die kreativsten Deutschlerner
> eine tolle Überraschung.
>
> Bist Du dabei? Dann schreib uns einen Brief und schicke ein
> Foto von Dir.

Schreibe deinen Text bitte auf den **Antwortbogen**.

Anzeige 4

Du lernst in Deutschland an einer großen Sprachschule Deutsch und bekommst
diese Information:

Antworte bitte mit einem **Brief** (mindestens 50 Wörter).
Schreibe **zu jedem Punkt** bitte ein bis zwei **Sätze**.

Judith Schuller möchte einiges von dir
wissen:

1   Stell dich vor
    (z.B. Name, Alter, Schule, …)
2   Was möchtest du am liebsten für
    die Kinder machen?
3   Hast du noch eine andere Idee?
4   Wie oft in der Woche hast du Zeit?

> **Wir wollen kranken Kindern helfen.**
> **Wer macht mit?**
>
> Möchtet ihr neue Freunde kennenlernen und etwas Gutes für
> sie tun?
> Wir, Schüler der 10. Klasse aus München, nehmen an einer
> interessanten Aktion teil. Wir wollen Kindern im Krankenhaus
> helfen. Ihre Zeit dort möchten wir schöner machen.
> Lest ihr gern Geschichten vor? Wollt ihr tanzen und singen?
> Macht euch das Theaterspielen Spaß? Oder habt ihr noch eine
> andere Idee?
>
> Dann meldet euch bitte bei:
> Judith Schuller, Fromundstraße 50, München

Schreibe deinen Text bitte auf den **Antwortbogen**.

Fit in Deutsch 2

Familienname _____

Vorname _____

Schreiben

Schreibe in deinem **Brief zu jedem Punkt** bitte ein bis zwei **Sätze** (mindestens 50 Wörter).
Schreibe bitte **nicht** mit Bleistift.

15 Min.

☞ Für den Prüfungsteil Sprechen hast du ca. **15 Minuten** Zeit.

☞ Diesen Teil machst du zusammen mit einem anderen Prüfungskandidaten. Das ist eine **Paarprüfung**.

Hallo, ich heiße...

☞ Der Prüfungsteil Sprechen besteht aus **drei** Teilen.

☞ Im **Teil 1** musst du dich **vorstellen**. Du musst mindestens **sechs** Sätze sagen.

☞ Im **Teil 2** musst du zu einem Thema **Fragen stellen** und **auf Fragen antworten**.
Du ziehst Kärtchen mit einem Thema und einem Fragewort.
Jeder Kandidat stellt **vier W-Fragen** und gibt **vier Antworten**.

Thema: Essen und Trinken
Wie oft...?

☞ Im **Teil 3** musst du auf eine Alltagssituation mit **einem oder zwei Sätzen reagieren**. Du kannst auch eine **Frage** stellen, eine **Bitte** oder eine **Aufforderung formulieren**, je nach Situation.
Du ziehst Situationskarten.

Fit in Deutsch 2

Fit in Deutsch 2

Sich vorstellen

 Schritt 1: Was möchtest du sagen?
Du musst mindestens **sechs** Sätze
über dich sagen.

Schau dir dazu in Fit 1, Sprechen, Teil 1, S. 34 an.

 Schritt 2: Vorstellung 2 ist besser.
Warum? Unterstreiche die Extra-
Informationen im Text!

☹ Vorstellung 1:

> Ich heiße Maria. Ich bin 15 Jahre alt. Ich komme aus Rumänien und wohne in Bukarest. Ich besuche das „Mihai-Viteazul"-Gymnasium. Ich gehe in die neunte Klasse. Meine Lieblingsfächer sind Fremdsprachen. Ich spreche gut Englisch und jetzt lerne ich Deutsch. Ich fahre gern Rad und chatte gern mit Freunden.

☺ Vorstellung 2:

> Mein Name ist Maria und ich bin 15 Jahre alt. Ich komme aus Rumänien und wohne <u>zusammen mit meinen Eltern und meinem Bruder</u> in Bukarest. Ich gehe in die neunte Klasse ins „Mihai-Viteazul"-Gymnasium. Die Schule macht mir nicht so viel Spaß. Trotzdem sind Fremdsprachen meine Lieblingsfächer. Ich spreche gut Englisch und jetzt lerne ich Deutsch. Der Unterricht in diesen Fächern, besonders in Deutsch, ist immer sehr spannend, weil wir viel sprechen und in kleinen Gruppen verschiedene Projekte machen. Bei unserem letzten Projekt haben wir Kochrezepte gesammelt und jetzt haben wir alle ein kleines Kochbuch auf Deutsch. Ich fahre gern Rad und chatte gern mit meinen Freunden.

 *Die Sätze in Vorstellung 2 sind schöner.
Schau dir im Teil Schreiben Schritt 4,
S. 75 noch einmal nach.*

 Schritt 3: Schreibe deine Sätze
aus Schritt 1 „schöner".

 *Möchtest du noch einmal die Satzmelodie im Deutschen üben?
Dann schau in Fit 1, Sprechen, Teil 1, S. 35 nach.*

 Schritt 4: Stell dich deinem Nachbarn/
deiner Nachbarin vor. Benutze deine
Sätze aus Schritt 3!

> **!!!** **Sprich laut und nicht zu schnell, mach keine langen Pausen.
> Übe das jeden Tag!**

 Schritt 5: Kontrolliert einander!
Achtet auf die Schritte 1 bis 3.

> **!!!** **Nimm dich auf Kassette auf: Was kannst du noch besser machen?**

Fragen stellen

 Schritt 1: Der Prüfer bzw. die Prüferin wählt ein Thema aus (z. B. *Essen und Trinken*)

Thema: Essen und Trinken	Thema: Essen und Trinken	Thema: Essen und Trinken	Thema: Essen und Trinken
Wie oft...?	**Mit wem...?**	**Wo...?**	**Wie lange...?**
Wer...?	**Was...?**	**Wann...?**	**Wie viel...?**

 Schritt 2: Du ziehst eine Karte mit einem Fragewort zu diesem Thema (z. B. Wie oft...?). Mit diesem Fragewort (hier: Wie oft...?) formulierst du eine W-Frage zum Thema wie im Beispiel.

Thema: Essen und Trinken
Wie oft...?

Du musst deine Frage mit dem Thema verbinden!

 Mögliche Frage: *Wie oft isst du im Restaurant?*

⁂ *Möchtest du noch einmal die Satzmelodie und Verbposition bei den W-Fragen üben? Dann schau in Fit 1, Sprechen, Teil 2, S. 37 nach.*

Jetzt du!

Ergänze die Fragewörter aus Schritt 1.
Es gibt mehrere Möglichkeiten.

1 _____ *trinkst du zum Frühstück?*
2 _____ *dauert dein Frühstück?*
3 _____ *kocht in deiner Familie?*
4 _____ *Brot isst du pro Tag?*

5 _____ *isst du zu Mittag?*
6 _____ *gehst du einkaufen?*
7 _____ *kaufst du Gemüse ein?*

Sammle nun andere Fragen zum Thema *Essen und Trinken*.

 Für die W-Fragen benutzt man die Fragewörter: Wer? Was? Wann? Wo? Wohin? Woher? Warum? Wie? Wie viel? Mit wem? Welch- er, e, es?

Fit in Deutsch 2

Fit in Deutsch 2

Fragen beantworten

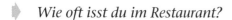 **Schritt 1:** Dein Partner hat die Karte mit dem Fragewort *Wie oft?* gezogen und stellt dir nun eine Frage. Du musst genau hinhören.

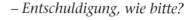

▸ *Wie oft isst du im Restaurant?*

!!! Verstehst du die Frage des Partners nicht? Dann kannst du noch einmal nachfragen.

– *Entschuldigung, wie bitte?*

– *Kannst du das noch einmal sagen?*

– *Kannst du bitte langsamer sprechen?*

– *Kannst du bitte lauter sprechen?*

 **Schritt 2:** Du antwortest auf die Frage deines Partners wie im Beispiel.

▸ **Mögliche Antwort:** *Selten, nur wenn ich zum Beispiel Geburtstag habe.*

Jetzt du!

Ordne die Antworten zu.

1	*Was trinkst du zum Frühstück?*	*Ich esse wenig Brot, vielleicht 3–4 Scheiben.*
2	*Wie lange dauert dein Frühstück?*	*Um 14 Uhr.*
3	*Wer kocht in deiner Familie?*	*Mit meiner Mutter und mit meiner Schwester.*
4	*Wie viel Brot isst du pro Tag?*	*Frischen Orangensaft.*
5	*Wann isst du zu Mittag?*	*Auf dem Markt, meistens dienstags.*
6	*Mit wem gehst du einkaufen?*	*Mindestens 15 Minuten.*
7	*Wo kaufst du Gemüse ein?*	*Meine Großmutter und manchmal mein Vater.*

Beantworte nun deine gesammelten Fragen zum Thema *Essen und Trinken* von S. 83.

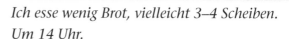

Wie ist die Antwort?

– **Wo?**	**Wo** kaufst du Gemüse ein?	→	Auf **dem** Markt.
– **Wohin?**	**Wohin** gehst du frühstücken?	→	Auf **den** Markt.
– **Was für ein...?**	**Was für ein** Frühstück magst du?	→	**Ein** süßes Frühstück.
– **Welche/r/s...?**	**Welches** Frühstück hat dir besser geschmeckt?	→	**Das** Frühstück im Hotel.

Fragen stellen und auf Fragen antworten.

Thema: Tagesablauf	Thema: Tagesablauf
Wann...?	**Was...?**
Thema: Tagesablauf	Thema: Tagesablauf
Wohin...?	**Wer...?**
Thema: Tagesablauf	Thema: Tagesablauf
Wo...?	**Mit wem...?**
Thema: Tagesablauf	Thema: Tagesablauf
Wie oft...?	**Wie lange...?**

Fit in Deutsch 2

Fragen stellen und auf Fragen antworten.

Thema: Reisen	Thema: Reisen
Wohin...?	*Wann...?*

Thema: Reisen	Thema: Reisen
Wie lange...?	*Wie oft...?*

Thema: Reisen	Thema: Reisen
Wer...?	*Wie...?*

Thema: Reisen	Thema: Reisen
Was...?	*Mit wem...?*

Fragen stellen und auf Fragen antworten.

Thema: Internet	Thema: Internet
Wie oft…?	**Was…?**

Thema: Internet	Thema: Internet
Wann…?	**Wie lange…?**

Thema: Internet	Thema: Internet
Wo…?	**Wer…?**

Thema: Internet	Thema: Internet
Warum…?	**Woher…?**

Fit in Deutsch 2

Auf eine vorgegebene Situation sprachlich reagieren

Schritt 1: Der Prüfer bzw. die Prüferin hat sechs Situationskarten. Du ziehst Situationskarten. Schau dir die Situation auf der Karte genau an.

Wo spielt die Szene? Welche Person spricht?

1      **2**   **3**

Schritt 2: Du bist nun die Person auf der Situationskarte und musst reagieren. Achte deshalb genau auf Sprechblasen und/oder Gegenstände!

? → Formuliere eine Frage.   „?"   **Gegenstand** → Bilde einen Satz.   „."
? + Gegenstand → Formuliere   → Formuliere eine Frage.   „?"
eine Frage zu diesem Gegen-   → Formuliere eine Auf-
stand.   „?"   forderung.   „!"

 *Möchtest du noch einmal die Verbposition und die Satzmelodie üben?
Dann schau in Fit 1, Sprechen, Teil 3, S. 43 nach.*

Schritt 3: Du kannst mit einem oder zwei Sätzen reagieren.

1   In der Sprechblase steht ein „?". Du musst eine **Frage stellen**.

Mögliche Fragen:
– Die vier Koffer gehören mir. Könnten Sie mir bitte helfen?
– Ich muss jetzt aussteigen. Könnten Sie mir bitte helfen?
– Könnten Sie mir bitte helfen? Die Koffer sind sehr schwer.

2   In der Sprechblase steht ein „?" und ein Gegenstand.
       Du musst zu diesem Gegenstand eine Frage stellen.

   Mögliche Fragen:
   – *Mein Geldbeutel ist weg. Kannst du bitte bezahlen?*
   – *Ich habe mein Geld vergessen. Kannst du mir Geld geben?*
   – *Ich finde meinen Geldbeutel nicht. Hast du Geld dabei?*

3   Hier ist nur ein Gegenstand abgebildet. Bilde einen Satz.
       Du kannst auch **eine Aufforderung** oder **eine Frage**
       formulieren.

   Mögliche Reaktionen:
   – *Ich kann die Tür nicht öffnen. Mach doch bitte die*
     Tür auf!   „!"
   – *Ich habe keine Hand frei. Machst du bitte die Tür auf?*   „?"
   – *Könntest du mir bitte die Tür öffnen?*   „?"

Jetzt du!

Ordne zu!

1	2	3

4	5	6

Gibt es hier einen Bahnhof? Wie komme ich zum Bahnhof? ☐
Du siehst gut aus. / Wie fühlst du dich? ☐
Entschuldigung, wann machen Sie wieder auf? ☐
Ich finde meine Koffer nicht mehr. Können Sie mir helfen? ☐
Hier darfst du nicht parken. / Hier darf man nicht parken. ☐
Entschuldigung, wo ist hier die Toilette? ☐

Sammle nun weitere Reaktionen zu diesen Situationen.

Auf eine vorgegebene Situation sprachlich
reagieren.

Auf eine vorgegebene Situation sprachlich reagieren.

Teil 1

Du hörst **drei** Nachrichten am Telefon.
Zu jeder Nachricht gibt es Aufgaben.
Kreuze an: a , b oder c .
Du hörst jede Nachricht **zweimal.**

 Beispiel

0 Wer spricht?

a Die Tante   b Die Freundin   c Der Bruder

Lies die Aufgaben 1 und 2.

1 Welchen Sport macht Martina?

a Fußball   b Basketball   c Reiten

2 Warum geht sie nicht?

a Sie hat Zahn-
schmerzen.   b Sie ist müde.   c Sie hat Bauch-
schmerzen.

 Jetzt hörst du die **erste** Nachricht am Telefon.

Du hörst die erste Nachricht **noch einmal.**
Markiere **dann** die Lösung zu Aufgabe 1 und 2.

Lies die Aufgaben 3 und 4.

3 Tanja und Mark sind

a am Bahnhof.

b bei ihrer Oma.

c zu Hause.

4 Tanja und Mark kommen an:

a um sieben Uhr.

b um sieb-
   zehn Uhr.

c um fünf-
   zehn Uhr.

 35

Jetzt hörst du die **zweite** Nachricht am Telefon.

Du hörst die zweite Nachricht **noch einmal**.
Markiere **dann** die Lösung zu Aufgabe 3 und 4.

Lies die Aufgaben 5 und 6.

5 Richard feiert

a am Freitag.

b am Montag.

c am Sonntag.

6 Was gibt es zu essen?

a Eis

b Pizza

c Kuchen

36

Jetzt hörst du die **dritte** Nachricht am Telefon.

Du hörst die dritte Nachricht **noch einmal**.
Markiere **dann** die Lösung zu Aufgabe 5 und 6.

Modelltest für *Fit für* Fit in Deutsch · 1

Hören

Teil 2

Du hörst **zwei** Gespräche.
Zu jedem Gespräch gibt es Aufgaben.
Kreuze an: richtig oder falsch.
Du hörst jedes Gespräch **zweimal**.

Beispiel

0 Leonie und David möchten essen.   richtig̶   *falsch*

Lies die Sätze 7, 8 und 9.

7 Anita und Thomas sind in der Disko.   richtig   *falsch*

8 Anita kommt nicht mit.   richtig   *falsch*

9 Sie treffen sich bei Thomas.   richtig   *falsch*

Jetzt hörst du das **erste** Gespräch.

Du hörst das erste Gespräch **noch einmal**.
Markiere **dann** für die Sätze 7, 8 und 9:
richtig oder falsch.

Lies die Sätze 10, 11 und 12.

10 Katharina hat einen neuen Schulfreund.   richtig   *falsch*

11 Christine kann drei Sprachen.   richtig   *falsch*

12 Katharina hat keine Probleme in Englisch.   richtig   *falsch*

Jetzt hörst du das das **zweite** Gespräch.

Du hörst das zweite Gespräch **noch einmal**.
Markiere **dann** für die Sätze 10, 11 und 12:
richtig oder falsch.

Schreibe jetzt deine Lösungen 1 bis 12
auf den **Antwortbogen**.

Ende des Prüfungsteils Hören.

Teil 1   Lies bitte die zwei Anzeigen aus der Zeitung.

Anzeige 1

Fragen 1–6: Markiere bitte die Lösung mit einem Kreuz.

Beispiel zu Anzeige 1

0   Das Treffen ist

☐ a   am Freitag.
☐ b   am Sonntag.
☒ c   am Samstag.

Anzeige 1

1   Das ist eine Anzeige für

☐ a   eine Party in der Goethe-Schule.
☐ b   ein Treffen vom Skater-Club.
☐ c   einen Ausflug zum Skate-Museums.

2   Der Skater-Club sucht

☐ a   neue Leute.
☐ b   sehr gute Skater.
☐ c   Skate-Lehrer.

3   Am Abend gibt es

☐ a   ein Abendessen.
☐ b   Schwimmen im See.
☐ c   eine Party im Stadion.

Anzeige 2

4   Das ist eine Aktion

☐ a   der Schule.
☐ b   der Stadt Köln.
☐ c   des Fernsehens.

5   Wer kann mitmachen?

☐ a   Junge Leute.
☐ b   Eltern.
☐ c   Alle.

6   Was ist das Thema der Reportage?

☐ a   Internet.
☐ b   Ferienjobs.
☐ c   Eltern.

Anzeige 1

Fährst Du gerne Inline-Skates?

Dann mach mit im Skater-Club der Goethe-Schule! Wir freuen uns auf neue Fans! Ihr seid Anfänger?
Das ist kein Problem!
Das erste Treffen im neuen Schuljahr ist:
Samstag, den 17. September
um 16 Uhr am Schulstadion.
Wir fahren zusammen bis zum Buga-See und essen dort etwas Kleines zu Abend, so können wir uns besser kennen lernen.
Bring also Brötchen und Getränke mit.
Wir sehen uns am Samstag!!

Anzeige 2

MHV Hip
sucht Schüler für Reportage

Das TV-Magazin „Hip" des Fernsehkanals mhv sucht Schülerinnen und Schüler in Köln für eine Reportage über Ferienjobs:

Bald kommen die Ferien und Du finanzierst Deinen Urlaub mit Ferienjobs, z.B. beim Babysitten oder in Supermärkten? Wie findest Du das? Und was sagen Deine Eltern dazu? (www.mhv.de)

Wenn Du 14 – 16 Jahre alt bist und Interesse hast, ruf an: Tel.: 0221-4565332 oder schreib uns: hip@mhv.de

Modelltest für Fit für Fit in Deutsch · 1

Lesen

Teil 2 In einer Zeitschrift findest du zwei Texte
über Jugendliche in Deutschland.
Lies bitte die Beschreibungen.

Sätze 7–12: Was ist richtig und was ist falsch?

Beispiel zu Beschreibung 1

0 Melina ist vierzehn Jahre alt.

richtig ~~falsch~~

Beschreibung 1

7 Melina möchte einen Brieffreund
haben.

richtig *falsch*

8 Melina wohnt in Kanada.

richtig *falsch*

9 Melina hat kurze, blonde Haare.

richtig *falsch*

Beschreibung 2

10 Alex tanzt in einer Tanzgruppe.

richtig *falsch*

11 Die Tanzlehrerin ist sympathisch.

richtig *falsch*

12 Alex findet Streetdance langweilig.

richtig *falsch*

Schreibe jetzt deine Lösungen 1–12
auf den **Antwortbogen.**

Beschreibung 1

Ich heiße Melina Berger, ich bin 13 und
komme aus Köln. Ich suche einen
Brieffreund in den USA oder in Kanada!
Ich bin 1,66m groß, habe langes, rot-
blondes Haar und bin schlank. Viele
sagen, ich sehe so wie Miranda Otto aus!

Beschreibung 2

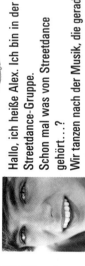

Hallo, ich heiße Alex. Ich bin in der
Streetdance-Gruppe.
Schon mal was von Streetdance
gehört…?
Wir tanzen nach der Musik, die gerade
so im Radio läuft z.B. Usher, J.Lo. und
Co…. Moderne Musik von Pop über R'n B bis HipHop!
Wir haben eine nette, erfahrene Tanzlehrerin.
Es macht jede Menge Spaß!

Schreiben

Du hast diese E-Mail bekommen.

Antworte darauf bitte mit mindestens 30 Wörtern.

Schreibe bitte **nicht** mit Bleistift.

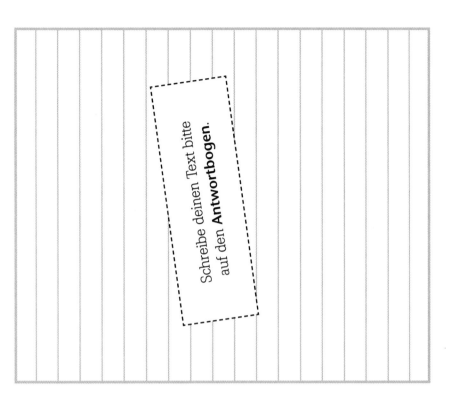

Information — Eingang

E-Mail(s) löschen   Ist Werbung   Antworten   An alle   Weiterleiten   Drucken

Hallo,

ich heiße Antonio und bin 16 Jahre alt. Ich wohne in Rom und gehe in die zehnte Klasse. Ich habe drei Geschwister, einen Bruder und zwei Schwestern. In meiner Freizeit spiele ich manchmal mit meinem Bruder Computerspiele und gewinne oft. Dann ist er immer traurig. Ich mache auch sehr gern Sport. Ich spiele Basketball in unserem Schulteam. Machst Du auch Sport? Schreib mir bitte bald.

Liebe Grüße

Antonio

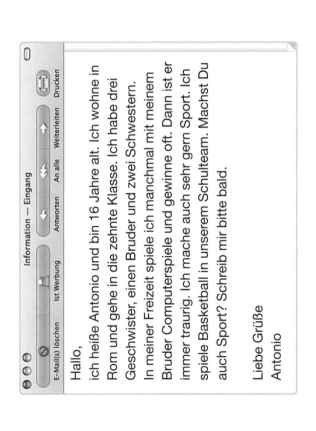

Schreibe deinen Text bitte auf den **Antwortbogen.**

Modelltest für Fit für Fit in Deutsch · 1

Sprechen

Sprechen Teil 1   Sich vorstellen

Name?

Alter?

Land?

Wohnort?

Schule?

Sprachen?

Hobby?

Teil 2   Fragen stellen und auf Fragen antworten.

Thema: Freizeit
Beispielkarte

lesen

Thema: Freizeit

arbeiten

Thema: Freizeit

Musik

Thema: Freizeit

Kino

Thema: Freizeit

Sport

Thema: Freizeit

Wochen-ende

Thema: Freizeit

Ferien

Teil 3 Bitten, Aufforderungen oder Fragen formulieren und darauf antworten und reagieren.

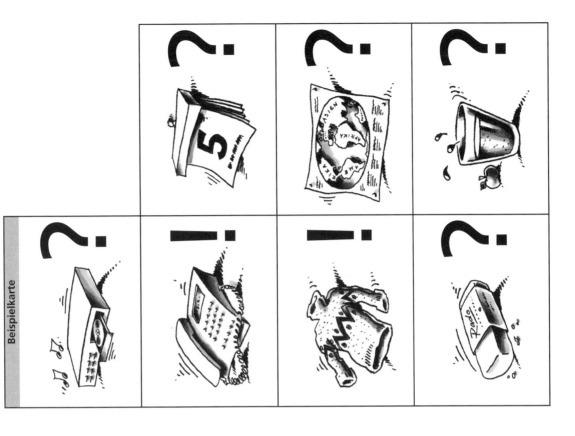

Beispielkarte

Teil 2 Fragen stellen und auf Fragen antworten.

Thema: Einkaufen	Thema: Einkaufen
Obst	*im Super-markt*

Thema: Einkaufen	Thema: Einkaufen
auf dem Markt	*mit dem Fahrrad*

Thema: Einkaufen	Thema: Einkaufen
allein	*Kleidung*

Modelltest 1 für *Fit für* Fit in Deutsch · 2

Hören

Teil 1

Du hörst **drei** Mitteilungen für Jugendliche im Radio.
Zu jeder Mitteilung gibt es Aufgaben.
Kreuze an: a, b oder c.
Du hörst jede Mitteilung **zweimal**.

 Beispiel

0 Wie heißt das Radio?

  a Top Radio Berlin
  b Planet
  ☒ Radio 1

Lies die Aufgaben 1, 2 und 3.

1 Die Schüler müssen

  a eine Radiosendung vorbereiten.
  b singen.
  c Radio hören.

2 Bis wann müssen die Schüler ihre
Ideen ans Radio schicken?

  a Bis Juni.
  b Bis August.
  c Bis Ende Mai.

3 Was bekommen die besten Klassen?

  a Das Radio lädt sie zu einer
     Party ein.
  b Sie nehmen an einem Medien-
     Camp teil.
  c Sie gewinnen Musik-CDs.

 Jetzt hörst du die **erste** Mitteilung.

Du hörst jetzt diese Mitteilung **noch einmal**.
Markiere **dann** die Lösung zu Aufgabe 1, 2 und 3.

Hören

Lies die Aufgaben 7, 8 und 9.

7 Zu welchem Thema soll man Fotos, Comics oder Zeichnungen machen?

- a　Bahn fahren.
- b　Schule.
- c　Die Welt in 30, 40 oder 60 Jahren.

8 Die Veranstalter machen aus der Gewinner-Idee

- a　ein Foto.
- b　eine Postkarte.
- c　einen Comic.

9 Die Ideen muss man einschicken:

- a　bis zum 18. März.
- b　bis in zwei Monaten.
- c　bis morgen.

43

Jetzt hörst du die **dritte** Mitteilung.

Du hörst jetzt diese Mitteilung **noch einmal**.
Markiere **dann** die Lösung zu Aufgabe 7, 8 und 9.

Lies die Aufgaben 4, 5, und 6.

4 Wann hat die Klasse 10a über Indien geredet?

- a　Im Musikunterricht.
- b　Im Politikunterricht.
- c　In Geografie.

5 Sie wollen jetzt

- a　Geld sammeln.
- b　Kuchen kaufen.
- c　Fotos machen.

6 Sie organisieren für den Freitag-nachmittag

- a　einen Kinofilm.
- b　eine Fotoausstellung.
- c　ein Konzert.

Jetzt hörst du die **zweite** Mitteilung.

Du hörst jetzt diese Mitteilung **noch einmal**.
Markiere **dann** die Lösung zu Aufgabe 4, 5 und 6.

42

Teil 2

Du hörst ein Gespräch zwischen zwei Jugendlichen.
Zu dem Gespräch gibt es Aufgaben.
Kreuze an: richtig oder falsch.
Das Gespräch hörst du **zweimal**.

Beispiel

0	Isabel ist krank.	~~richtig~~ falsch

Du hörst das Gespräch **in zwei Teilen**.
Lies die Sätze 10 bis 14.

		richtig	falsch
10	Laura ist der erste Gast bei Sandra.	richtig	falsch
11	Es ist Sommer.	richtig	falsch
12	Die Party findet im Garten statt.	richtig	falsch
13	Laura möchte einen Tee trinken.	richtig	falsch
14	Laura schenkt Sandra ein Handy zum Geburtstag.	richtig	falsch

 Jetzt hörst du den **ersten Teil** des Gesprächs.

Du hörst den ersten Teil des Gesprächs **noch einmal**.
Markiere **dann** für die Sätze 10 bis 14:
richtig oder falsch.

Lies die Sätze 15 bis 20.

		richtig	falsch
15	Sandra mag keine Handys.	richtig	falsch
16	Sandra soll ihr Handy immer mit-nehmen. Das möchten ihre Eltern.	richtig	falsch
17	Sandra findet es gut, dass ihre Eltern sie immer anrufen können.	richtig	falsch
18	Sandra und Laura finden Handys teuer.	richtig	falsch
19	Sandra bezahlt ihr Handy von ihrem Taschengeld.	richtig	falsch
20	Sandra und Laura feiern allein.	richtig	falsch

 Jetzt hörst du den **zweiten Teil** des Gesprächs.

Du hörst den zweiten Teil des Gesprächs **noch einmal**.
Markiere **dann** für die Sätze 15 bis 20:
richtig oder falsch.

Schreibe jetzt deine Lösungen 1 bis 20
auf den **Antwortbogen**.

Ende des Prüfungsteils Hören.

Lesen

Teil 1

Lies bitte die zwei Anzeigen.

Anzeige 1

Anmeldung zu den 14. Thüringer
Schultheatertagen – ab sofort!

Liebe Schülerinnen und Schüler, liebe Lehrerinnen und Lehrer!
Die 14. Thüringer Schultheatertage finden vom 28. Juni bis
01. Juli in Erfurt statt. Zehn Schultheater-Gruppen können
ihre Produktionen präsentieren.

Teilnehmen können:
Schultheatergruppen aus Thüringen ab Klasse 7. Schickt
das Formular und Video/DVD mit Eurem Theaterstück
(max. 60 Minuten) an:

LAG Spiel und Theater in Thüringen
Dr.-Wilhelm-Külz-Str. 20
99974 Mühlhausen
Tel.: 03601/816690

Eine Jury mit sechs Personen wird wie immer 10 Produktionen
aus allen Bewerbungen auswählen.

Anmeldeschluss ist der 03.Mai.
Teilnahmekosten: 30 Euro pro Person.

Anzeige 2

Gastfamilien gesucht
Vom 2. bis 16. Mai besuchen uns fünfzehn ungarische Schüler
und Schülerinnen aus unserer Partnerschule in Budapest. Sie
wollen ihr Deutsch verbessern und machen hier zwei Wochen
lang einen Intensiv-Sprachkurs. Wir suchen noch Familien, die
einen Schüler/eine Schülerin bei sich zu Hause aufnehmen
können. Ihr solltet bereit sein, euren Gast zum Unterricht zu
bringen und ihn oder sie dort abzuholen. Außerdem solltet ihr
am Wochenende etwas mit ihm oder ihr zusammen machen
(eine Fahrradtour oder einen Ausflug). Alle Schüler sprechen
Deutsch, also ihr werdet keine Sprachprobleme haben.

Habt ihr Interesse? Sprecht mit euren Eltern und meldet euch
bei Herrn Krüger nach dem Unterricht im Raum 133.

Fragen 1–6: Markiere bitte die Lösung mit einem Kreuz.

Beispiel zu Anzeige 1

0 Die Schultheatertage sind

- a im Winter.
- b im Sommer. ☒
- c im Herbst.

Anzeige 1

1 Was kann man vom
28. Juni bis zum 1. Juli
machen?

- a 10 Theaterstücke anschauen.
- b Die besten Theaterstücke auswählen.
- c Sich zu den Theatertagen anmelden.

2 Wer darf mitmachen?

- a Schülerinnen aus Erfurt.
- b Schüler und Schülerinnen ab der 7. Klasse.
- c Schüler und Schülerinnen aus Thüringen.

3 Wie wählen die Leute aus dem Theater die besten Stücke aus?

- a Sie müssen sich die Videos oder DVDs ansehen.
- b Sie müssen mit den Schülerinnen und Schülern sprechen.
- c Sie möchten die Lehrerinnen und Lehrer treffen.

Anzeige 2

4 Warum kommen die ungarischen Schüler und
Schülerinnen nach Deutschland?

- a Sie wollen noch mehr Deutsch lernen.
- b Sie machen eine Ferienreise.
- c Sie besuchen ihre Brieffreunde.

5 Die ungarischen Schüler und
Schülerinnen schlafen

- a in der Schule.
- b bei den deutschen Schülern zu Hause.
- c in einem Hotel.

6 Die Gastfamilien sollen

- a Ungarisch sprechen.
- b das Wochenende mit dem Gast organisieren.
- c zusammen mit dem Gast den Unterricht besuchen.

Modelltest 1 für *Fit für Fit in Deutsch · 2*

Lesen

Teil 2

In einer deutschen Jugendzeitschrift findest du zwei Briefe von Lesern an Frau Dr. Möller, Psychologin.

Sätze 7–16: Was ist richtig und was ist falsch?

Beispiel zu Leserbrief 1

0   Lennart gibt Gitarrenunterricht.   richtig ~~falsch~~

Leserbrief 1

7   Lennart übt täglich Gitarre.   richtig | *falsch*

8   Lennart will in einer Band mitspielen.   richtig | *falsch*

9   Lennarts Eltern gefällt diese Idee.   richtig | *falsch*

10 Lennarts Vater will, dass Lennart Musiker wird.   richtig | *falsch*

11 Lennart spielt so gut wie Eric Clapton.   richtig | *falsch*

Leserbrief 2

12 Agnes sieht ihre Freundinnen nur in der Schule.   richtig | *falsch*

13 Agnes kauft gerne Kosmetik und Parfüm.   richtig | *falsch*

14 Agnes und ihre Freundinnen sind dreizehn Jahre alt.   richtig | *falsch*

15 Die Freundinnen wollen gut aussehen.   richtig | *falsch*

16 Agnes hat mit den Freundinnen über das Problem gesprochen.   richtig | *falsch*

Leserbrief 1

Liebe Frau Dr. Möller,

seit zwei Jahren lerne ich Gitarre spielen. Ich übe jeden Tag eine halbe bis eine Stunde. Deswegen kann ich das schon sehr gut. Vor zwei Wochen hat mich der Freund meiner Schwester gefragt, ob ich in seiner Band mitmachen möchte. Sie suchen dringend einen neuen Gitarristen. Es ist schon immer mein Traum gewesen, in einer Band mitzuspielen! Aber meine Eltern sind total dagegen. Sie sagen, meine Noten sollen besser werden, vor allem in Mathe und Chemie. Aber bei den Lehrern werde ich nie bessere Noten bekommen. Ich denke, mein Vater hat Angst, dass ich nur Musiker werden will. Das will ich ja gar nicht. Ich bin doch nicht so gut wie Eric Clapton. Was soll ich tun? Wenn ich nicht bald zusage, sucht die Band einen anderen.

Lennart

Leserbrief 2

Liebe Frau Dr. Möller,

ich habe drei gute Freundinnen. Sie sind in meiner Klasse und wir machen sehr viel zusammen: Hausaufgaben und Schulprojekte. Außerdem gehen wir in unserer Freizeit gern schwimmen oder in der Stadt bummeln. Aber in letzter Zeit geht es mir nicht mehr sehr gut dabei. Alle drei wollen meistens nur Kosmetik kaufen, Lippenstifte, Parfüm und so was. Mich interessiert das nicht so sehr. Ich finde, man braucht nicht so viel Kosmetik, wenn man dreizehn Jahre alt ist. Ich möchte mein Taschengeld auch für andere Sachen ausgeben. Es ist nicht mehr so wie früher. Jetzt gibt es nur noch ein Thema: Kosmetik und Aussehen. Das mag ich nicht. Aber ich habe Angst, es meinen Freundinnen zu sagen. Vielleicht wollen sie dann nicht mehr, dass ich ihre Freundin bin. Was soll ich tun?

Agnes

Teil 3 In einer deutschen Jugendzeitschrift findest
du diesen Artikel:

Radio-Moderatorin
für einen Tag

Girls'Day Mädchen-Zukunftstag

Seit einigen Jahren findet in Deutschland der Girls'Day – Mädchen-
Zukunftstag statt. An diesem Tag müssen die Mädchen nicht in die
Schule gehen. Sie besuchen einen Betrieb oder eine Firma und lernen
technische Berufe kennen.

Auch Sonja wollte in diesem Jahr an der Aktion teilnehmen. Zusammen
mit 29 anderen Mädchen hat sie das DeutschlandRadio Kultur in Berlin
besucht.

Um 9 Uhr fing ihr ‚Arbeitstag' an. Sie bekam einen Plan mit dem
Tagesablauf. Man teilte alle Mädchen in kleine Gruppen auf. Und dann
ging es los:

Zunächst hat Sonja Studios besucht: Dort haben die Moderatoren
Nachrichten gesprochen und Radiosendungen vorbereitet. Nach dem
Mittagessen produzierte sie mit vier anderen Mädchen in einem
Studio eine eigene Radiosendung.

Die Arbeit als Radiomoderatorin hat ihr sehr viel Spaß gemacht. Sie
findet, das ist sogar ihr Traumjob.

Im nächsten Jahr will Sonja wieder beim Girls'Day mitmachen und
sie möchte diese Aktion allen Mädchen empfehlen: „Man kann an
diesem Tag verschiedene Berufe, vor allem auch technische Berufe,
besser kennenlernen. Das ist interessant und wichtig. Alle Mädchen
sollten an dieser Aktion teilnehmen."

Antworte auf die Fragen 17 bis 20 mit wenigen Wörtern.

Beispiel

0 Wie heißt das Mädchen?

Sonja

17 Wo sind die Mädchen am Girls' Day?

_____

18 Wo war Sonja an diesem Tag?

_____

19 Was hat Sonja am Nachmittag gemacht?

_____

20 Was findet Sonja am Girls' Day wichtig und interessant?

_____

Schreibe jetzt deine Lösungen 1 bis 20
auf den **Antwortbogen**.

Du lernst in Deutschland an einer großen Sprachschule Deutsch und bekommst diese Information:

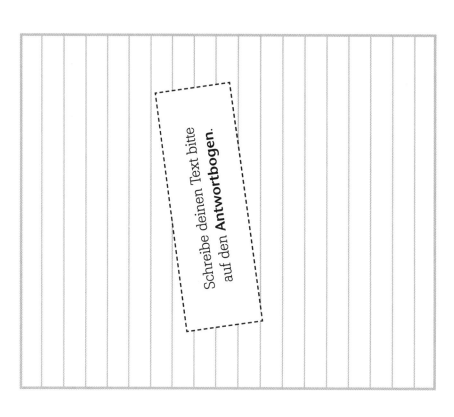

Wir wollen eine Fotoausstellung organisieren. Wer macht mit?

Wir, Jana und Maria, Tony und Charles, sind sehr gute Klassenkameraden. Unser gemeinsames Hobby ist das Fotografieren. Wir wollen für das Schulfest im Sommer eine Fotoausstellung mit dem Titel „*Was ist interessant in unserer Stadt?*" organisieren. Für unser Fotoprojekt suchen wir auch ausländische Teilnehmer in unserer Stadt.

Habt ihr Spaß am Fotografieren?
Dann meldet euch bitte bei:
Tony Steins, Friedrich-Ebert-Straße 5, Kassel

Schreibe deinen Text bitte auf den **Antwortbogen.**

Antworte bitte mit einem **Brief** (mindestens 50 Wörter).
Schreibe **zu jedem Punkt** bitte ein bis zwei **Sätze.**

Tony Steins möchte einiges von dir wissen:

1   Stell dich bitte vor (z.B. Name, Alter, Schule, …).

2   Seit wann bist du in Deutschland?

3   Hast du Erfahrungen mit dem Fotografieren? Welche?

4   Wann und wo kannst du Tony Steins zum ersten Mal treffen?

Sprechen

Teil 1 Sich vorstellen

Name?

Alter?

Land?

Wohnort?

Schule?

Sprachen?

Hobby?

Teil 2 Fragen stellen und auf Fragen antworten.

Thema: Wohnen
Beispielkarte

Wie viele…?

Thema: Sprachen lernen

Wie…?

Thema: Sprachen lernen

Wann…?

Thema: Sprachen lernen

Mit wem…?

Thema: Sprachen lernen

Wo…?

Sprechen

Teil 2   Fragen stellen und auf Fragen antworten.

Teil 2   Fragen stellen und auf Fragen antworten.

Thema: Lieblingstiere	Thema: Lieblingstiere
Was…?	**Wo…?**
Thema: Lieblingstiere	Thema: Lieblingstiere
Seit wann…?	**Wie…?**
Thema: Lieblingstiere	Thema: Lieblingstiere
Wie viel…?	**Warum…?**
Thema: Lieblingstiere	Thema: Lieblingstiere
Mit wem…?	*Wie oft…?*

Thema: Sprachen lernen	Thema: Sprachen lernen
Wie lange…?	*Wie oft…?*
Thema: Sprachen lernen	Thema: Sprachen lernen
Was…?	*Bei wem…?*

Teil 3   Auf eine vorgegebene Situation sprachlich reagieren.

Modelltest 2 für *Fit für* **Fit in Deutsch · 2**

Hören

Teil 1

Du hörst **drei** Mitteilungen für Jugendliche im Radio.
Zu jeder Mitteilung gibt es Aufgaben.
Kreuze an: a , b oder c .
Du hörst jede Mitteilung **zweimal**.

 Beispiel

0 Wie heißt der Sprecher?

- a Michael
- ☒ Tom
- c Patrick

Lies die Aufgaben 1, 2 und 3.

1 Man muss beim Kulturabend

- a internationales Essen kochen.
- b etwas erzählen, singen oder Theater spielen.
- c ein Theaterstück schreiben.

2 Die Organisatoren des Kulturabends suchen

- a Schüler aus Paris.
- b Schüler und Lehrer aus Frankfurt.
- c Schüler aus Frankfurt.

3 Der erste Preis

- a ist eine Reise nach Frankfurt.
- b ist eine Reise nach Paris.
- c sind 200,– €.

Jetzt hörst du die **erste** Mitteilung.

Du hörst jetzt diese Mitteilung **noch einmal**.
Markiere **dann** die Lösung zu Aufgabe 1, 2 und 3.

Hören

Lies die Aufgaben 7, 8 und 9.

7 Bei Language-Train können mit-machen:

- a nur deutsche Jugendliche.
- b Kinder und Jugendliche aus Europa.
- c Jugendliche zwischen 16 und 21 Jahren aus Europa.

8 In der ersten Runde muss man

- a acht Wochen lang Fremd-sprachen lernen.
- b Fragen beantworten.
- c eine Internet-Seite machen.

9 Die Gewinner fahren von Prag nach Amsterdam:

- a im Frühling.
- b im Sommer.
- c im Herbst.

50 Jetzt hörst du die **dritte** Mitteilung.

Du hörst jetzt diese Mitteilung **noch einmal**.
Markiere **dann** die Lösung zu Aufgabe 7, 8 und 9.

Lies die Aufgaben 4, 5, und 6.

4 Den „Kauf-Nix-Tag" gibt es

- a nur in Deutschland.
- b nur in England.
- c überall auf der Welt.

5 Die Idee des „Kauf-Nix-Tages" kommt

- a vom Tag ohne Fernseher.
- b vom Sonntag ohne Autos.
- c vom Tag ohne Fahrrad.

6 Der „Kauf-Nix-Tag" findet statt:

- a jeden Tag.
- b am 25. November.
- c am 27. November.

49 Jetzt hörst du die **zweite** Mitteilung.

Du hörst jetzt diese Mitteilung **noch einmal**.
Markiere **dann** die Lösung zu Aufgabe 4, 5 und 6.

111

Modelltest 2 für *Fit für* Fit in Deutsch · 2
Hören

Teil 2

Du hörst ein Gespräch zwischen zwei Jugendlichen. Zu dem Gespräch gibt es Aufgaben. Kreuze an: richtig oder falsch. Das Gespräch hörst du **zweimal.**

51 **Beispiel**

0	Sophie geht mit Lena heute Abend zum Sport.	richtig / ~~falsch~~

Du hörst das Gespräch **in zwei Teilen.**

Lies die Sätze 10 bis 14.

10	Nicholas lernt für den Englischtest.	richtig / falsch
11	Die Oma von Nicholas wird 80.	richtig / falsch
12	Dirk notiert alles.	richtig / falsch
13	Nicholas und Dirk möchten Einladungen schreiben.	richtig / falsch
14	Sechs Schüler sind krank.	richtig / falsch

52 Jetzt hörst du den **ersten Teil** des Gesprächs.

Du hörst den ersten Teil des Gesprächs **noch einmal.** Markiere **dann** für die Sätze 10 bis 14: richtig oder falsch.

Lies die Sätze 15 bis 20.

15	Die Schüler bringen etwas zum Essen und Trinken mit.	richtig / falsch
16	Für die Party haben sie 50 Euro.	richtig / falsch
17	Die Party findet im Theaterraum statt.	richtig / falsch
18	Nicholas organisiert die Musik.	richtig / falsch
19	Das Plakat hat Dirk schon gemacht.	richtig / falsch
20	Die Party findet nächste Woche am Freitag statt.	richtig / falsch

53 Jetzt hörst du den **zweiten Teil** des Gesprächs.

Du hörst den zweiten Teil des Gesprächs **noch einmal.** Markiere **dann** für die Sätze 15 bis 20: richtig oder falsch.

Schreibe jetzt deine Lösungen 1 bis 20 auf den **Antwortbogen.**

Ende des Prüfungsteils Hören.

Teil 1

Lies bitte die zwei Anzeigen.

Anzeige 1

+ + + **Fußballtag am Goethe-Gymnasium** + + +

Liebe Mitschüler und Mitschülerinnen!
Am Samstag, 13.April, findet an unserer Schule das große
Fußballturnier statt. Wie ihr wisst, spielen wir gegen
Fußballmannschaften aus drei anderen Schulen. Aber wir sind
auch Gastgeber!
Da wir an diesem Tag viele Besucher erwarten, suchen wir
noch Leute, die uns bei der Organisation helfen können:
Getränke, Kuchen und Würstchen verkaufen, nach dem Turnier
alles aufräumen und sauber machen u.Ä.

Wenn ihr Lust habt, uns zu helfen, meldet euch bis Freitag
bei Daniela, Telefon zu Hause: 534 88 7 .

Anzeige 2

Ab zum zweiten Mädchen-Wochenende!

Bist Du ein Mädchen und zwischen 12 und 16 Jahre alt?
Möchtest Du tanzen oder singen, Filme drehen oder eine Band
gründen, Dich als Journalistin ausprobieren, Fahrräder reparieren
oder einfach mit anderen Mädchen zusammen sein?

**Dann mach mit – am 17. und 18. Februar
im Mädchenhaus Essen!**

Wähle ein oder zwei Workshops aus und melde Dich bis zum
10. Januar auf unserer Homepage an:
www.maedchen-wochenende.de

Fragen 1–6: Markiere bitte die Lösung mit einem Kreuz.

Beispiel zu Anzeige 1

0 Daniela ist
   a eine Lehrerin.
   b eine Schülerin.
   c die Mutter einer Schülerin.

Anzeige 1

1 Wie viele Schulen nehmen an dem Fußballturnier teil?
   a zwei   b vier   c fünf

2 Was ist das Problem?
   a Es gibt noch keine Getränke, Kuchen und Würstchen.
   b Die Organisatoren haben keine Lust.
   c Sie brauchen noch Hilfe bei der Organisation.

3 Wie kann man auf diese Anzeige antworten?
   a Am Samstag direkt hingehen.
   b Am Freitag zu Daniela gehen.
   c Daniela bis Freitag anrufen.

Anzeige 2

4 Das Mädchenhaus organisiert am 17. und 18. Februar
   a verschiedene Workshops für Mädchen.
   b einen Tanzkurs.
   c ein Konzert.

5 Es können teilnehmen:
   a Jungen und Mädchen aus Essen.
   b Mädchen ab 16 Jahren.
   c Mädchen von 12 bis 16 Jahren.

6 Die Mädchen müssen
   a am 10. Januar ins Mädchenhaus kommen.
   b bis zum 10. Januar anrufen.
   c sich im Internet bis zum 10. Januar anmelden.

Teil 2

In einer deutschen Jugendzeitschrift findest du zwei Briefe von Lesern an Frau Dr. Möller, Psychologin.

Sätze 7–16: Was ist richtig und was ist falsch?

Beispiel zu Leserbrief 1

		richtig	~~falsch~~
0	Paolina lebt mit ihren Eltern zusammen.		

Leserbrief 1

		richtig	falsch
7	Paolina wohnt bei ihrem Vater.		
8	Paolinas Eltern wohnen nicht zusammen.		
9	Paolinas Vater will mit Paolina nach Italien fahren.		
10	Paolina möchte in den Ferien bei ihrem Freund sein.		
11	Paolina liebt ihre Großeltern nicht.		

Leserbrief 2

		richtig	falsch
12	Marten mag das Fest mit den Eltern und dem Bruder.		
13	Sie schenken sich kleine Sachen.		
14	Von den Großeltern bekommt Marten teure Geschenke.		
15	Martens Eltern finden die Geschenke gut.		
16	Marten streitet sich mit den Großeltern.		

Leserbrief 1

Liebe Frau Dr. Möller,

meine Eltern leben nicht mehr zusammen. Das ist auch gut so, weil sie früher immer sehr viel Stress hatten. Mein Vater hat jetzt eine andere Wohnung. Ich besuche ihn am Wochenende. Wenn er mich nach Hause bringt, können beide sogar ganz normal miteinander sprechen. Aber das ist ja nicht das Problem. Mein Vater kommt aus Italien. In den Sommerferien will er zu seiner Familie fahren. Und er will mich mitnehmen. Auch meine Mama findet es gut. Sie sagt, ich kann meine Großeltern endlich mal wiedersehen. Aber ich möchte in den Ferien lieber mit meinem Freund zusammen sein. Drei Wochen ohne ihn – das halte ich nicht aus! Aber wenn ich meinem Vater absage, dann ist er sehr traurig. Und auch meine Großeltern denken dann, dass ich sie nicht mehr liebe. Was soll ich nur tun?
Paolina

Leserbrief 2

Liebe Frau Dr. Möller,

bald ist wieder Weihnachten. Mit meinen Eltern und meinem Bruder feiern wir ein schönes Fest. Wir machen keine Geschenke, sondern denken uns kurze Geschichten aus. Es ist ein netter, ruhiger Abend. Aber der nächste Tag, der 25. Dezember, ist schrecklich. Dann kommen Omas und Opas zu uns. Wir essen Kuchen und trinken Kaffee. Und dann kommt das, was ich so schlimm finde. Sie bringen sehr teure Geschenke mit. Und ich muss mich bedanken und sagen, wie toll ich die Geschenke finde. Teure Pullover, Hosen, Uhren. Teuer, aber nicht modern, nicht für junge Leute. Auch meine Eltern finden das blöd, aber sie sagen nichts – das sind doch ihre Eltern! Ich habe aber keine Lust mehr auf dieses Theater. Das ärgert mich. Ich habe deswegen Streit mit meinen Eltern gehabt. Ich weiß nicht, was ich tun soll. Ich habe keine Lust mehr auf Weihnachten.
Marten

Teil 3 In einer deutschen Jugendzeitschrift findest du diesen Artikel:

Ein Jahr in Deutschland

Seit September lebt Anda Jurgensone aus Lettland in Bremen und besucht hier ein Gymnasium. Im Juli beginnen die Sommerferien und erst dann fährt die Austauschschülerin wieder nach Hause.

Den Unterricht findet sie toll und gar nicht so schwer. „In Lettland bekommen die Schüler viel mehr Hausaufgaben. Da sitzt man einige Stunden am Nachmittag dran," sagt die 15-jährige Schülerin. Jetzt hat sie auch keine Probleme mehr mit der Sprache. Am Anfang konnte „Deutsch in Deutschland war ganz anders als mein Deutschunterricht zu Hause," erinnert sie sich. Jetzt hat sie viele neue Freunde, spielt gerne Basketball und hat auch ein paar kleine Rollen im

Schultheater. Und mit ihrer Gastfamilie hat sie richtig Glück, sagt sie. Mit Andrea, ihrer Gastschwester, versteht sie sich sehr gut. Die beiden sind oft unterwegs in der Stadt. Anda kennt jetzt Bremen genauso gut wie ihre Heimatstadt Ventspils. „Wo ist die Schule besser - in Deutschland oder in Lettland?", diese Frage musste die lettische Schülerin schon mehr als hundert Mal beantworten. „In Lettland dauern die Sommerferien ganze drei Monate: Juni, Juli und August," sagt sie dann und muss lachen. Sie kennt schon die Reaktion der deutschen Schüler: Die meisten möchten sofort eine lettische Schule besuchen. Ferien den ganzen Sommer lang – das ist eben viel mehr als sechs Wochen.

Antworte auf die Fragen 17 bis 20 mit wenigen Wörtern.

Beispiel

0 Woher kommt Anda?
Aus Lettland.

17 Was ist in der lettischen Schule anders?

18 Was war für Anda am Anfang schwierig?

19 Was macht Anda in der Freizeit?

20 Was finden die deutschen Schüler an der lettischen Schule so gut?

Schreibe jetzt deine Lösungen 1 bis 20 auf den **Antwortbogen**.

Du lernst in Deutschland an einer großen Sprachschule Deutsch und bekommst diese Information:

Sprachen lernen und kochen – beides zur gleichen Zeit!

Wie das geht?
Sehr einfach!

Du lernst Deutsch und Du lernst kochen in einer internationalen Gruppe von Jugendlichen zwischen 12 und 16 Jahren. Mit jungen und engagierten Lehrern, die viele kreative Ideen für den Unterricht haben.
Der „Sprach-Kochkurs" dauert 4 Wochen. Er wird einmal im Sommer und einmal im Herbst organisiert.
Am Ende bekommen alle ein Kochbuch auf Deutsch mit verschiedenen Rezepten für internationales Essen.

Ist das nicht toll? Wenn Du Hunger und Interesse bekommen hast, dann melde Dich bitte bei uns oder schreib uns einen Brief.

Antworte bitte mit einem **Brief** (mindestens 50 Wörter).
Schreibe **zu jedem Punkt** bitte ein bis zwei **Sätze.**

Die Organisatoren möchten einiges von dir wissen:

1 Stell dich bitte vor (Name, Alter, Land, Hobbys).

2 Was und wo isst du am liebsten?

3 Welche Erfahrungen hast du mit dem Kochen?

4 Wann möchtest du am Kurs teilnehmen?

Schreibe deinen Text bitte auf den **Antwortbogen.**

Teil 1   Sich vorstellen

Teil 2   Fragen stellen und auf Fragen antworten.

Thema: Einkaufen
Beispielkarte

Wo…?

Thema: Hobbys

Wann…?

Thema: Hobbys

Wohin…?

Thema: Hobbys

Wie lange…?

Mit wem…?

Name?

Alter?

Land?

Wohnort?

Schule?

Sprachen?

Hobby?

Modell/test 2 für **Fit für** Fit in Deutsch · 2

Sprechen

Teil 2 Fragen stellen und auf Fragen antworten.

Thema: Urlaub	Thema: Urlaub
Wann...?	*Wohin...?*

Thema: Urlaub	Thema: Urlaub
Wie lange...?	*Mit wem...?*

Thema: Urlaub	Thema: Urlaub
Was...?	*Wie...?*

Thema: Urlaub	Thema: Urlaub
Warum...?	*Wo...?*

Teil 2 Fragen stellen und auf Fragen antworten.

Thema: Hobbys	Thema: Hobbys
Was...?	*Wie...?*

Thema: Hobbys	Thema: Hobbys
Warum...?	*Wo...?*

Teil 3 Auf eine vorgegebene Situation sprachlich reagieren.

Gesamtbewertung
schriftliche und mündliche Prüfung

In den einzelnen Prüfungsteilen werden maximal folgende Punkte vergeben:

Fit in Deutsch 1		
Prüfungsteil	Punkte	Gesamt
Hören	Teil 1 = 6 Punkte Teil 2 = 6 Punkte	12 x 1,5 18 Punkte
Lesen	Teil 1 = 6 Punkte Teil 2 = 6 Punkte	12 Punkte
Schreiben	6 Punkte	6 x 2 12 Punkte
Sprechen	12 Punkte	12 x 1,5 18 Punkte
Gesamtpunktzahl		60 Punkte

Fit in Deutsch 2		
Prüfungsteil	Punkte	Gesamt
Hören	Teil 1 = 9 Punkte Teil 2 = 11 Punkte	20 Punkte
Lesen	Teil 1 = 6 Punkte Teil 2 = 10 Punkte Teil 2 = 4 Punkte	20 Punkte
Schreiben	8 Punkte	8 x 2 16 Punkte
Sprechen	Teil 1 = 1 Punkt Teil 2 = 8 Punkte Teil 2 = 3 Punkte	12 x 2 24 Punkte
Gesamtpunktzahl		80 Punkte

Modelltest

Familienname _____

Vorname _____

Hören

Teil 1			
1	a	b	c
2	a	b	c
3	a	b	c
4	a	b	c
5	a	b	c
6	a	b	c

Teil 2		
7	richtig	falsch
8	richtig	falsch
9	richtig	falsch
10	richtig	falsch
11	richtig	falsch
12	richtig	falsch

Lösungen 1–12:

x 1,5 Punkte: _____

Lesen

Teil 1			
1	a	b	c
2	a	b	c
3	a	b	c
4	a	b	c
5	a	b	c
6	a	b	c

Teil 2		
7	richtig	falsch
8	richtig	falsch
9	richtig	falsch
10	richtig	falsch
11	richtig	falsch
12	richtig	falsch

Lösungen 1–12:

_____

Familienname _____

Vorname _____

Schreiben

Antworte bitte auf die E-Mail mit mindestens 30 Wörtern. Schreibe bitte **nicht** mit Bleistift.

x 2 Punkte: _____

Antwortbogen zu Modelltest: Fit in Deutsch 2

Familienname _____

Vorname _____

Hören

Teil 1

1	a	b	c
2	a	b	c
3	a	b	c
4	a	b	c
5	a	b	c
6	a	b	c
7	a	b	c
8	a	b	c
9	a	b	c

Teil 2

10	richtig	falsch	15	richtig	falsch
11	richtig	falsch	16	richtig	falsch
12	richtig	falsch	17	richtig	falsch
13	richtig	falsch	18	richtig	falsch
14	richtig	falsch	19	richtig	falsch
			20	richtig	falsch

Lösungen 1–20: _____

Lesen

Teil 1

1	a	b	c
2	a	b	c
3	a	b	c
4	a	b	c
5	a	b	c
6	a	b	c

Teil 2

7	richtig	falsch	12	richtig	falsch
8	richtig	falsch	13	richtig	falsch
9	richtig	falsch	14	richtig	falsch
10	richtig	falsch	15	richtig	falsch
11	richtig	falsch	16	richtig	falsch

Lösungen 1–16: _____

Teil 3

17 _____

18 _____

19 _____

20 _____

Lösungen 17–20: _____

Familienname   _____

Vorname   _____

Schreiben

Schreibe in deinem Brief zu jedem Punkt bitte ein bis zwei Sätze (mindestens 50 Wörter).
Schreibe bitte **nicht** mit Bleistift.

_____ x 2 Punkte: ____

Modelltest

Fit in Deutsch 1

Fit in Deutsch 1_Hören_Teil 1_ Schritt für Schritt

Hi Petra! Hier ist Tanja! Weißt du was? Frau Schmidt liegt im Krankenhaus. Sie soll heute ihr Kind bekommen. Sollen wir sie morgen Nachmittag besuchen? Ich bringe Blumen aus meinem Garten mit. Bringst du vielleicht Schokolade mit? Ich komme gegen halb zwei zu dir. Geht das? Bis morgen! Tschüs!

Fit in Deutsch 1_Hören_Teil 1_Training

Du hörst Nachrichten am Telefon.
Zu jeder Nachricht gibt es Aufgaben.
Kreuze an: ⓐ, ⓑ oder ⓒ.
Du hörst jede Nachricht zweimal.

Nachricht 1

Hallo Viola! Hier ist Antonia. Sag mal, hast du vielleicht Lust mit mir in ein Konzert zu gehen? Die Guano Apes spielen am 14. August live in München. Ich habe alle ihre CDs! Sie sind echt klasse! Wir müssen aber die Karten schnell kaufen. Also ruf mich an oder schreib mir eine SMS, o.k.? Tschau!

Nachricht 2

Hallo Markus, ich bin's Thomas! Hör mal, auf dem Spielplatz ist heute so viel los, wir müssen leider im Park spielen. Bring bitte einen Ball mit, ich finde meinen nicht. Wir treffen uns um 15 Uhr gleich dort. O.k.? Bis dann! Tschüs!

Nachricht 3

Hallo Mami und Papi! Schade, ihr seid nicht zu Hause! Berlin ist wunderbar! Wir waren schon im Pergamonmuseum und im Reichstag. Morgen besuchen wir das Rote Rathaus und den Berliner Dom. Zum Glück regnet es nicht, es ist aber zu kalt. Ich ruf später noch mal an! Tschüs!

Nachricht 4

Hi Meike! Hier ist Georg! Vielen Dank für deine SMS. Du, ich bleibe heute lieber zu Hause. Ich habe am Freitag Prüfung und da muss noch viel lernen. Sorry! Aber nächste Woche, da habe ich frei und wir können gerne ins Kino gehen! Sei bitte nicht traurig. Tschüs!

Fit in Deutsch 1_Hören_Teil 2_ Schritt für Schritt

Hannah:	Endlich Ferien!
Julius:	Weißt du schon, was du im August machst?
Hannah:	Ich fliege mit meinen Eltern nach London.
Julius:	Ui! Das ist ja toll! London ist echt klasse!
Hannah:	Warst du schon mal dort?
Julius:	Ja, vor zwei Jahren. Leider war es ziemlich kalt. Das war im Dezember.
Hannah:	Hmm, ich hoffe, wir haben gutes Wetter.
Julius:	Das hoffe ich auch. Schreibst du mir eine Postkarte?

Fit in Deutsch 1_Hören_Teil 2_Training

Du hörst Gespräche.
Zu jedem Gespräch gibt es Aufgaben.
Kreuze an: richtig oder falsch.
Du hörst jedes Gespräch zweimal.

Gespräch 1

Silke:	Nur noch einen Monat und dann Ferien!…
Peter:	Und? Was machst du? Hast du schon was vor?
Silke:	Ja, ich fahre mit meinen Eltern nach Italien.
Peter:	Nach Italien? Super!… Und wie lange bleibt ihr?
Silke:	Zehn Tage. Und was machst du?
Peter:	Ich… uhm… ich bleibe zu Hause… ich habe einen Ferienjob!

Gespräch 2

Mama:	Oh je, alles leer … Daniel, kannst du bitte noch schnell zum Supermarkt gehen?
Daniel:	Ja, klar!… Was soll ich denn einkaufen?
Mama:	Hol bitte Milch und Kaffee für das Frühstück.
Daniel:	Brauchen wir denn keine Butter?
Mama:	Nein, haben wir noch genug.
Daniel:	Und Käse?
Mama:	Kannst du auch mitbringen! So 300 Gramm.
Daniel:	Und wie viel Milch?
Mama:	Ach, bring mal zwei Liter.

Gespräch 3

Marina:	Du siehst so traurig aus! Was ist los mit dir Justina?
Justina:	Ach Marina, ich habe eine sehr schlechte Note in Mathe.
Marina:	Oh, das tut mir aber leid für dich!….

Anhang

Justina: Ich lerne ja nie für die Schule. Habe
aber immer gute Noten! Doch jetzt
habe ich eine 5! Die Klassenarbeit war
echt so schwer! Sag mal, du bist doch
so gut in Mathe. Könnten wir nicht
mal zusammen Mathe lernen?

Marina: Gerne! Machen wir!

Justina: Super! Danke, Dankeschön, Marina!

Gespräch 4

Paul: Jan, ich habe jetzt auch ein Blog.

Jan: Ein Blog? Was ist das denn?

Paul: Das ist eine Art Tagebuch im Internet.
Dort kann man Sachen über sich
schreiben. Jeder hat jetzt ein Blog!
Glaub mir!

Jan: Hmm, kenne ich nicht.

Paul: Mit einem Blog kann man sehr viele
Leute kennenlernen… aus der ganzen Welt! Das ist echt nicht schlecht!

Jan: Hmm, klingt gut! Wie macht man
das? Kannst du mir das zeigen?

**Fit in Deutsch 1_Sprechen_Teil 1_Schritt für
Schritt_Exkurs**

Ich heiße Lea. ↘ Ich gehe in die 10. Klasse. ↘
Ich heiße Lea ↗ und gehe in die 10. Klasse. ↘

Beispiel

Ich bin 17 Jahre alt. ↘
Ich komme aus Frankreich ↗ und bin 17 Jahre
alt. ↘

2a Ich komme aus Italien. ↘

2b Ich wohne in Palermo ↗ und besuche das
Gymnasium. ↘

2c Meine Lieblingsfächer sind Chemie und
Biologie. ↘

2d Ich lerne Deutsch ↗ und möchte nach
Deutschland fahren. ↘

2e Mein Hobby ist Lesen. ↘

**Fit in Deutsch 1_Sprechen_Teil 2_
Schritt für Schritt_Exkurs**

Trinkst du Tee am Abend? ↗
Was isst du zu Abend? ↘

2a Kommst du mit in den Supermarkt? ↗

2b Möchtest du ein Stück Pizza? ↗

2c Schmeckt dir die Suppe? ↗

2d Was kochst du gerne? ↘

2e Welches Essen ist gesund? ↘

**Fit in Deutsch 1_Sprechen_Teil 3_Schritt für
Schritt_Exkurs**

Mach bitte das Fenster zu! ↘

2a Kommst du aus Portugal ((?)) ↗

2b Mach das Licht an ((!)) ↘

2c Gib mir bitte dein Wörterbuch ((!)) ↘

2d Hast du einen Kuli ((?)) ↗

2e Sag mir bitte deine Telefonnummer ((!)) ↘

2f Hörst du gern Musik ((?)) ↗

Fit in Deutsch 2

**Fit in Deutsch 2_Hören_Teil 1_Schritt für
Schritt**

Deutsch ist gar nicht so schwer!
„In 14 Tagen um die Welt" – so heißen die
Sprachferien im Herbst. Sie finden vom 10. bis
zum 25. Oktober statt. Organisiert werden sie
von der Europäischen Schule.
Zwei Wochen lang könnt ihr zusammen kleine
Projekte, Theater und Ausflüge machen. Und
dabei lernt ihr auch noch die deutsche Sprache
– mit den Augen, mit der Nase und dem Mund,
durch Laufen und Tanzen.
Und dann macht ihr zusammen ein kleines
Theaterstück, das ihr natürlich auch aufführt –
auf einer echten Bühne, in einem echten Thea-
ter: im Internationalen Theater!
In jeder Gruppe sind insgesamt 15 Jugendliche
von 13 bis 17 Jahren. Wichtig ist, dass ihr schon
mindestens ein Jahr Deutsch gelernt habt!
Wollt ihr mehr darüber wissen? Dann fragt eure
Deutschlehrerin oder euren Deutschlehrer!
Oder ihr ruft direkt bei der Europäischen Schule
an.
Achtung: Anmeldeschluss ist der 10. September!

Fit in Deutsch 2_Hören_Teil 1_Training

Du hörst Mitteilungen für Jugendliche im
Radio.
Zu jeder Mitteilung gibt es Aufgaben.
Kreuze an: [a], [b] oder [c].
Du hörst jede Mitteilung zweimal.

Mitteilung 1

Schreibt ihr gern Gedichte oder Geschichten?
Vielleicht habt ihr auch schon einmal etwas für
eure Schulzeitung geschrieben? Dann macht
mit bei „Junge Literatur". Dazu sind Kinder
und Jugendliche aus ganz Europa zu einem
Schreibwettbewerb eingeladen. Das funktioniert
ganz einfach: Ihr schreibt eure Gedichte und
Geschichten in deutscher Sprache. Dann
schickt eure Texte bis zum 10. Januar an die
Organisatoren.

Anhang

Der Wettbewerb findet in zwei Altersgruppen statt – von 8 bis 13 und von 14 bis 18 Jahren. Die 20 Besten aus jeder Altersgruppe dürfen an der internationalen Projektwoche im Juli in Wien teilnehmen – kostenlos natürlich! Das Besondere an der internationalen Projektwoche: Am letzten Tag könnt ihr eure Arbeiten einem großen Publikum vorlesen und auf großen Plakaten in der Stadt aushängen. Und noch mehr: Eure Texte kommen auch in ein Buch und stehen im Internet. Weitere Informationen zum Projekt „Junge Literatur" findet ihr im Internet unter www. jungeliteratur.com. Bei Fragen könnt ihr euch telefonisch oder per E-Mail melden. Also, all ihr großen und kleinen Autorinnen und Autoren, meldet euch!

 Mitteilung 2
20 Habt ihr Lust auf Tischtennis-Ferien? Der Süddeutsche Tischtennis-Club bietet in den Osterferien, also im April, eine Trainingswoche für Schülerinnen und Schüler an, die gern Tischtennis spielen. Die Trainingswoche findet in einem Jugendferiendorf in der Nähe von München statt. Dort erwartet euch eine Tischtennishalle mit sechs Tischen und eine große Sporthalle. Bei schönem Wetter könnt ihr natürlich auch draußen spielen. Es gibt vier Tischtennisplätze im Freien. Das Tischtennis-Training findet jeden Tag zweimal statt. Und wenn ihr mal etwas anderes als Tischtennis machen wollt, gibt es noch viele interessante Angebote, z. B. zwei Fußballplätze. Abends gibt es ein Freizeitprogramm mit Disko oder Videofilmen. Außerdem könnt ihr ins neue Schwimmbad direkt im Feriendorf gehen. Der Eintritt ist natürlich frei für euch! Ihr schlaft zusammen in einem Haus in 3-Bett-Zimmern mit Dusche und Toilette. Die Trainingswoche findet vom 08. bis 15. April statt und kostet 140 €. Achtung: Nur 20 Schüler können teilnehmen. Weitere Informationen bekommt ihr bei eurem Sportlehrer! Viel Spaß!

 Mitteilung 3
21 Das Jugendzentrum „Kölner Jugend" feiert seine Neu-Eröffnung! Rechtzeitig zu Frühlingsbeginn ist nach viel Arbeit, Stress und Streit das Haus endlich fertig! Und deshalb gibt es im Jugendzentrum eine große Feier! Am Samstag, den 21. März um 15 Uhr fängt der ganze Spaß an mit Breakdance-Vorführungen, Musik und Spiel! Die Mitarbeiter des Jugendzentrums zeigen euch dann die neuen Räume. Du kannst Fragen stellen oder du darfst dich auch einmal auf den Stuhl des Institutleiters setzen – nur zum Ausprobieren natürlich! Ihr könnt in den Räumen dann auch mal euren Geburtstag feiern z. B. Ihr müsst euch nur rechtzeitig anmelden. Danach gibt es Kaffee, Tee, kalte Getränke und leckeren Kuchen für alle Gäste. Und der Höhepunkt am Abend: Ab 20 Uhr gibt es dann ein Rockkonzert und danach Disko. Der Eintritt ist für alle frei. Wenn du also am Samstag Lust und Zeit hast, dann geh in Jugendzentrum! Es lohnt sich! Das Gebäude findest du in der Goetheallee 35. Falls du noch Fragen hast, dann ruf dort einfach an.

 Mitteilung 4
22 Mädchen aufgepasst! Mädchen spielen keine Computerspiele. Stimmt das? Das Institut für Kommunikation in Braunschweig ist nicht dieser Meinung. Dazu gibt es jetzt eine Online-Befragung. Also, Mädels. Spielt ihr Computer, Gameboy oder mit dem Handy? Dann meldet euch im Internet und erzählt über euer Hobby. Geht auf die Internet-Seite des Instituts für Kommunikation, beantwortet die Fragen und zeigt, dass auch Mädchen mit den modernen Medien spielen! Sagt es auch all euren Freundinnen und Bekannten! Auch sie sollen mitmachen. Es winken tolle Preise: Nimm dir die Zeit und beantworte die Fragen im Internet. Es lohnt sich! Du kannst aktuelle Spiele, exklusive T-Shirts und Plakate und verschiedene Spielgeräte gewinnen. Also auf, Mädels! Geht ins Internet! Ihr habt noch Zeit bis Mitte Mai! www.spiele-für-maedchen.de

 Fit in Deutsch 2_Hören_Teil 2_Schritt für
23 **Schritt**

Steffi:	Hi Kristina, entschuldige, ich bin zu spät …
Kristina:	Hallo Steffi, kein Problem. Ich bin auch erst seit fünf Minuten da.
Steffi:	Na, wo wollen wir denn hingehen? Hast du 'ne Idee?
Kristina:	Öh, keine Ahnung.
Steffi:	Ich brauche unbedingt neue Schuhe. Willst du auch etwas kaufen?
Kristina:	Vielleicht, ich bin mir nicht sicher. Meine Mutter hat mir etwas Geld mitgegeben. … Ich gehe doch auf ein Sommerfest am Wochenende und wollte eigentlich mein blaues Kleid anziehen, aber…
Steffi:	…das mit den weißen Knöpfen?
Kristina:	Ja. Aber ich finde, die Farbe ist zu dunkel.

Steffi: Das stimmt allerdings… Das Kleid ist wirklich nichts für ein Sommerfest.

Kristina: O. k., o. k., ich brauche also ein neues Kleid für das Sommerfest. Am besten in Rot!

Steffi: Komm, lass uns in das neue Geschäft in der Maistraße gehen. Die haben echt total schöne Kleider.

Kristina: Gute Idee!

Kristina: Na, wie findest du dieses Kleid, Steffi? Steffi! Findest du dieses Kleid schön?

Steffi: Na ja, es geht so, das Grün … ich weiß nicht. Wolltest du nicht ein rotes Kleid?

Kristina: Stimmt! Und, wie gefällt dir dieses hier? Die Farbe ist doch toll. Knallrot.

Steffi: Das ist gut. Komm, probier's gleich mal an!

Steffi: Boa, Kristina! Du siehst einfach fantastisch aus! Und dieses Rot passt klasse zu deinen blonden Haaren. Das musst du nehmen! Jeder Junge wird sich in dich verlieben.

Kristina: Ach du … mal schauen, was es kostet. … Waaas? 120 €! Nein, so viel Geld habe ich nicht. Meine Mutter hat mir nur 60 € gegeben. Mehr kann ich nicht bezahlen. Und das ist ja doppelt so viel!

Steffi: Das ist echt schade. Und was kostet das grüne?

Kristina: Warte kurz. Na ja, halb so viel, 59 €. Aber das gefällt mir einfach nicht.. Steffi, was mache ich denn jetzt?

Steffi: Du möchtest also das rote Kleid, hm, … 120 €. O. k., du hast zwei Möglichkeiten. Du bezahlst 60 € von deinem Taschengeld dazu oder… du kommst morgen mit deiner Mutter noch mal hier her. Du hast doch bald Geburtstag, wünsch dir doch das Kleid zum Geburtstag!

Kristina: So viel Taschengeld habe ich leider nicht, du, aber das mit dem Geburtstagsgeschenk, das ist eine gute Idee. Ich frage meine Mama, ob sie morgen mitkommt.

Steffi: Gut. Aber jetzt zieh dich bitte um! Wir müssen weiter! Ich will jetzt noch Schuhe kaufen!

Kristina: O. k., ich komm gleich.

Fit in Deutsch 2_Hören_Teil 2_Training

Du hörst ein Gespräch zwischen zwei Jugendlichen.
Zu dem Gespräch gibt es Aufgaben.
Kreuze an: richtig oder falsch.
Das Gespräch hörst du zweimal.

Gespräch 1

Sabine: Hi Julian. Na, wie geht's? Wie war dein Wochenende?

Julian: Hi, na ja, geht so.

Sabine: Hä? Was ist denn los?

Julian: Ach, ich bin total deprimiert. Meine Eltern …

Sabine: Deine auch? … Bei mir machen sie auch die ganze Zeit Stress. Was ist denn passiert?

Julian: Ach, am Wochenende waren ja Tim und Claudia zu Besuch. Es war super, wir haben einen DVD-Nachmittag gemacht, dann haben wir zusammen gekocht und danach wirklich nicht laut Musik gehört. So gegen neun sind wir dann ins Jugendhaus gegangen. Dort war Disko.

Sabine: Und, was war das Problem? Warst du zu spät zu Hause?

Julian: Nein, ich war schon um Mitternacht im Bett. Aber dann, am Sonntagmorgen haben meine Eltern vielleicht ein Theater gemacht … Das kannst du dir nicht vorstellen. Ich bin immer nur am Spaßmachen … und tue nichts für die Schule – sagen sie. Außerdem meinen sie, dass meine Freunde zu alt sind für mich. Sag mal, ist das nicht egal, ob man 15 oder 17 ist… Verstehst du das?

Sabine: Na ja… Du weißt ja, wie das bei mir und meinem Bruder ist. Er ist ja nur etwas älter als ich und trotzdem können wir nichts miteinander anfangen… Er hat schon einen Job und eine feste Freundin … und er will auch bald alleine wohnen.

Julian: Ja, ja ich weiß. Aber Tim und Claudia…. Die sind doch total in Ordnung. Wir machen nicht nur Spaß, manchmal lernen wir sogar zusammen. Vor zwei Wochen hat mir Claudia z.B. echt viel in Mathe geholfen. Aber so was vergisst meine Mutter immer ganz schnell. Und dann sagt meine Mutter noch, ich telefoniere zu viel, sie kann es nicht mehr bezahlen… Das ist natürlich auch der Fehler meiner Freunde…

Sabine: Hmm… Das ist ja wirklich blöd. Hast du noch mal versucht, mit ihnen zu reden?

Julian: Nein, das ist einfach nicht möglich. Wir streiten uns nur… Wir können gar nicht miteinander reden.

Sabine: Warte vielleicht noch ein paar Tage. Dann geht's vielleicht besser.

Julian: Meinst du?

Sabine: Ja, bestimmt.

Julian: Und was soll ich ihnen dann sagen?

Sabine: Hm … Claudia war doch die Schulbeste in Mathe … und Tim hat letztes Jahr den Wettbewerb in Englisch gewonnen. Das wissen sie sicher nicht. Das erzählst du ihnen. Dann merken sie schon, dass deine Freunde nicht faul sind … und nicht schlecht für dich.

Julian: O.k. Vielleicht rede ich am Donnerstag mit ihnen. Da möchten wir alle zusammen ins Restaurant gehen, denn Papa hat Geburtstag.

Sabine: Genau.

Julian: Du, wir müssen gehen… Der Unterricht fängt ja gleich an.

Gespräch 2

Martin: Ja, hallo. Martin Berger.

Jannick: Hi Martin, ich bin's Jannick.

Martin: Hi! Du warst krank. Was war denn los?

Jannick: Ich hatte Grippe und ich musste im Bett bleiben. Es war total langweilig!

Martin: Ach, das glaube ich dir. Aber keine Angst, in der Schule war's auch nicht viel besser.

Jannick: … Na ja, zum Glück bin ich jetzt wieder gesund. … Das heißt, ich kann am Freitag zu Florians Geburtstag. Gehst du auch hin?

Martin: Ach, ich weiß nicht, ich habe gar keine Lust…

Jannick: Warum denn nicht?

Martin: Ich kenne da wahrscheinlich niemanden.

Jannick: Doch, mich zum Beispiel. Ach, komm doch mit. Das wird sicherlich lustig. Bitte!

Martin: Na gut, aber was sollen wir mitbringen?

Jannick: Hm, das habe ich mir noch nicht überlegt. Wie viel Geld hast du denn?

Martin: Nicht so viel. Ich habe in den letzten Monaten nicht viel gespart.

Jannick: Was meinst du? So 4–5 € für jeden?

Martin: Ja, das ist o.k.

Jannick: Gut, dann haben wir 8–10 €. Aber was kann man dafür kaufen?

Martin: Vielleicht 'ne CD?

Jannick: Puh, du weißt doch, er hat mindestens 500 Stück. Außerdem kostet eine gute CD mehr als 10 €!

Martin: Stimmt. Du hast Recht. Hm… ein Buch vielleicht?

Jannick: Martin… Sein Zimmer sieht aus wie eine kleine Bibliothek. Überall Comic-Hefte und natürlich Bücher ohne Ende…

Martin: Oder irgendetwas mit Fußball? … Oder etwas für sein neues Rad?

Jannick: Vielleicht…Aber das ist sicher zu teuer…

Jannick: Ich hab 'ne Idee! In drei Wochen macht ja diese Schulband… wie heißt sie denn noch mal?

Martin: Äh, vergessen, aber ich weiß schon.

Jannick: Die macht in drei Wochen ein Konzert. Wir könnten doch alle zusammen hingehen.

Martin: Das ist eine super Idee, das machen wir. Weißt du, was die Karten kosten?

Jannick: Ja, 5 €.

Martin: Und an welchem Tag ist das Konzert?

Jannick: Dienstag.

Martin: Super, dann können wir ihm eine Karte schenken.

Jannick: O.k. Die Karten kann man wahrscheinlich im Jugendhaus kaufen. Soll ich das machen?

Martin: Nein du, deshalb brauchst du nicht extra dort hinzugehen. Ich habe morgen Schülertheater, da muss ich sowieso hin. Und dann kann ich auch die Karten kaufen.

Jannick: Super, dann gebe ich dir das Geld morgen in der Schule, o.k.?

Martin: In Ordnung. Wollen wir uns am Freitag ein bisschen früher treffen?

Jannick: Ja gut, ich hole dich dann am Freitag so um sechs ab, ja?

Martin: Alles klar.

Jannick: Gut, dann bis morgen.

Martin: Ja, und einen schönen Nachmittag noch!

Jannick: Danke dir auch, ciao!

Martin: Ciao.

Gespräch 3

Claudia: Hallo hier ist Claudia, kann ich bitte Anna sprechen?

Mutter: Ja, Moment bitte. Anna! Für dich!

Anna: Ja, hallo.

Claudia: Hi Anna, ich bin's Claudia.

Anna: Hi, bist du schon wieder da aus dem Urlaub?

Claudia: Ja, seit gestern.

Anna: Und, wie war's?

Claudia: Anna, es war so toll! Strand, Sonne, am Abend Partys …

Anna: Und wie war denn jetzt der Flug?

Claudia: Puh, ich sag dir, das war vielleicht anstrengend. Drei Stunden …

Anna: Und das bei deiner Angst vor dem Fliegen…

Anhang

Claudia:	Genau, und dann die Luft im Flugzeug … die war auch so schlecht. … Aber zum Glück haben uns die Freunde von meiner Mutter am Flughafen abgeholt.
Anna:	Cool.
Claudia:	Wir sind dann gleich zum Hotel gefahren.
Anna:	War dein Bruder eigentlich auch dabei?
Claudia:	Ja, klar.
Anna:	Und? Wie war das Hotel?
Claudia:	Der Wahnsinn. Direkt am Strand. Das Zimmer mit einem riesigen Balkon. Da haben wir immer gefrühstückt. Stell dir vor: auf dem Balkon, mit Blick auf das Meer. Das war wie in einem Traum.
Anna:	Und was habt ihr den ganzen Tag so gemacht?
Claudia:	Och, viel gebadet, ein paar Ausflüge gemacht … und abends gab es dann immer Disko … im Hotel. Na ja, … und da habe ich José kennengelernt
Anna:	Ohh… José… Süßer Name.
Claudia:	Ja, er war auch sehr süß. Ach, wir waren jeden Tag am Strand und abends dann in der Disko. Es war einfach toll. Du, ich glaub, ich hab' mich ein bisschen verliebt …

30

Anna:	Und jetzt wollt ihr einander E-Mails schreiben, oder?
Claudia:	Ja genau …
Anna:	Ach, das kenn ich schon. Ich wünsche dir ja, dass es klappt. Bei mir klappt so etwas leider nie. Man schreibt sich ein-/zweimal E-Mail und dann …
Claudia:	Na ja, mal sehen.
Anna:	Und …wie war's mit deinen Eltern?
Claudia:	Gut. Die waren recht locker. Mein Bruder und ich durften machen, was wir wollten. Warum fragst du?
Anna:	Ach, ich war letztes Jahr doch mit meinen Eltern in Italien. Das war vielleicht stressig. Sie wollten, dass meine Schwester und ich schon um 22 Uhr im Bett liegen! Im Urlaub! Manchmal sind sie echt so streng!
Claudia:	Nee, das war bei uns kein Problem.
Anna:	Habt ihr' s gut … Du, wollen wir uns nicht mal treffen?
Claudia:	Ja, gern. Wie wär's mit übermorgen? Ich muss nämlich morgen noch zu meiner Cousine.
Anna:	Übermorgen ist gut. So um vier? Im Café Nr. 1 in der Innenstadt
Claudia:	O. k., dann bis übermorgen. Ciao!
Anna:	Ciao … ich freu mich schon …

31 **Gespräch 4**

Maria:	Hallo Stefan. Ich habe dich gestern auf dem Konzert gar nicht gesehen! Warst du überhaupt da?
Stefan:	Ja klar!
Maria:	Und, wie hat dir die Band gefallen?
Stefan:	Na ja, geht so.
Maria:	Was heißt: geht so? Das ist doch deine Lieblingsband!
Stefan:	Ja, das stimmt. Aber ich hatte solche Kopfschmerzen. Es war einfach viel zu laut für mich.
Maria:	Bist du dann früher nach Hause gegangen?
Stefan:	Nein, ich war schon bis zum Ende, aber mir ging es total schlecht.
Maria:	Schade. Geht's dir denn jetzt besser?
Stefan:	Ja, ich habe viel geschlafen. … Und dir? Wie hat dir das Konzert gefallen?
Maria:	Super! Die Musik, die Songtexte… Wow! Aber das Beste kam ja nach dem Konzert!
Stefan:	Nach dem Konzert? Seid ihr noch in die Disko gegangen?
Maria:	Nein, viel besser! Stell dir vor, Ewa und ich sind noch ein bisschen dort geblieben. Wir wollten beim Putzen und Aufräumen helfen.
Stefan:	Warum das denn?
Maria:	Einfach so. Die haben Hilfe gebraucht. … Wir waren so ziemlich die Letzten … Da hören wir auf einmal lautes Lachen hinter der Bühne.
Stefan:	Lautes Lachen?
Maria:	Ja, wir haben gleich nachgeschaut. …und … da war sie noch da: die Band! Stell dir das mal vor! Direkt vor unserer Nase!
Stefan:	Wow! Und?

32

Maria:	Tja, dann ging alles recht schnell. Ewa hat Hallo gesagt, ich konnte erst gar nichts sagen.
Stefan:	Und wie waren sie?
Maria:	Total nett und so locker drauf. Ich war ja total gestresst … und konnte nur ein „Wie geht's?" sagen und das war's. Die dachten wahrscheinlich: Mensch ist die blöd… Wie peinlich! Ewa hat noch nach einem Foto gefragt. Wir haben dann ein paar Bilder zusammen gemacht! Tja, und dann war der Traum zu Ende.
Stefan:	Ach Maria! Das ist ja toll! Wann sind denn die Bilder fertig?
Maria:	Ich denke, ich kann die Bilder morgen oder übermorgen abholen. Ich freue mich schon sehr!
Stefan:	Du, ich muss jetzt los. Ich habe gleich Fußball. Aber wir könnten uns am

Anhang

Wochenende treffen. Dann kannst du mir die Fotos zeigen!

Maria: Ja, gerne! Wollen wir Pizza essen gehen?

Stefan: Tolle Idee. Das machen wir!

Maria: Alles klar. Am Samstag um 17 Uhr? Beim Italiener in der Fußgängerzone?

Stefan: O. k. Um 5.

Maria: Also bis dann!

Stefan: Ja, ciao!

Maria: Ciao!

Fit in Deutsch 1 · Modelltest

Fit in Deutsch 1_Modelltest_Hören Teil 1

Du hörst drei Nachrichten am Telefon.
Zu jeder Nachricht gibt es Aufgaben.
Kreuze an: a, b oder c.
Du hörst jede Nachricht zweimal.

Beispiel

Hallo Lukas! Hier ist Lea! Hör mal, kannst du mir morgen dein Englischheft mitbringen? Ich war gestern krank und am Dienstag schreiben wir eine Klassenarbeit. Ich muss noch sehr viel lernen. Ich danke dir! Tschüs!…

Hörtext 1

Hallo Katrin! Ich bin's – Martina. Ich kann morgen leider wieder nicht zum Basketball kommen. Letzte Woche war ich zu müde und heute habe ich schreckliche Zahnschmerzen und muss wahrscheinlich zum Zahnarzt. Gehst du dann reiten? Wir sehen uns nächste Woche wieder. Ciao!

Hörtext 2

Hallo Mama! Hier ist Mark! Tanja und ich bleiben noch einen Tag länger bei Oma. Wir kommen dann morgen um 15:00 am Hauptbahnhof an. Hol uns doch bitte mit dem Auto ab. Wir haben so viel Gepäck! Bis morgen! Tschüs!

Hörtext 3

Hallo Christian! Ich bin's – Richard. Ich habe am Sonntag Geburtstag und ich möchte dich einladen. Wir feiern am Montag ab 14 Uhr in diesem italienischen Café in der Nähe von mir, Venezia, du weißt schon! Da gibt es das leckere Eis! Mal ohne Kuchen. Ist doch auch o. k., oder? Also, bis dann, ne? Tschüs!…

Fit in Deutsch 1_Modelltest_Hören_Teil 2

Du hörst zwei Gespräche.
Zu jedem Gespräch gibt es Aufgaben.
Kreuze an: richtig oder falsch.
Du hörst jedes Gespräch zweimal.

Beispiel

Leonie: Hallo David!

David: Hi Leonie!

Leonie: Na, was gibt es heute zum Essen?

David: Pizza mit Würstchen! Mmmh!… Sie schmeckt sehr gut!

Leonie: Schon wieder Würstchen?

David: Ach ja, stimmt, du magst kein Fleisch! Aber hier, Leonie, guck mal, es gibt auch Pizza mit Gemüse.

Leonie: Super, dann nehme ich die Pizza mit Gemüse.

Hörtext 4

Anita: Anita Müller

Thomas: Hallo Anita! Ich bin's, Thomas!

Anita: Ah, hallo Thomas!

Thomas: Du, Anita, was machst du denn heute Abend?

Anita: Ich weiß noch nicht, warum?

Thomas: Klaus und ich gehen heute Abend in die Disko! Kommst du mit?

Anita: Klar! Wann trefft ihr euch denn?

Thomas: Um 9 bei mir und dann gehen wir zusammen hin.

Anita: Super! Bis dann!

Thomas: Tschüs!

Hörtext 5

Katharina: Hey, Jonas, weißt du was, ich habe eine neue Schulfreundin. Sie heißt Christine.

Jonas: Und ist sie nett?

Katharina: Ja, sehr. Ihr Vater ist Italiener und ihre Mutter Engländerin.

Jonas: Dann spricht sie also drei Sprachen?

Katharina: Ja, genau. Mit ihrem Vater spricht sie Italienisch, mit ihrer Mutter auf Englisch und mit mir auf Deutsch.

Jonas: Das ist ja toll!

Katharina: Da fällt mir ein: Ich kann sie ja mal fragen, vielleicht kann sie mir in Englisch helfen…

Fit in Deutsch 2 · Modelltest 1

Fit in Deutsch 2_Modelltest 1_Hören Teil 1

Du hörst drei Mitteilungen für Jugendliche im Radio.
Zu jeder Mitteilung gibt es Aufgaben.
Kreuze an: a, b oder c.
Du hörst jede Mitteilung zweimal.

Beispiel

Halli hallo, hier ist wieder eure Ewa von „Radio 1" wie immer mit tollen Infos.

Einleitung

Hört ihr viel Radio? Habt ihr nicht mal Lust, selbst Radio zu machen? Wir haben ein super Projekt für euch. Es winken auch tolle Preise! Mehr dazu später bei unserem ersten Thema.

In unserem zweiten Thema wollen wir euch eine Initiative der Klasse 10a von der Beethoven-Schule vorstellen. Mehr verrate ich jetzt nicht.

Und dann unser letztes Thema „Die Zukunft": Ihr macht euch auch manchmal Gedanken um die Zukunft? Wie geht' weiter? Habt ihr Ideen? Macht doch einfach mit. Beim Zukunftswettbewerb! Auch hier könnt ihr etwas gewinnen.

Hörtext 1

Zum Radio-Projekt beim TOP-RADIO:
Schüler in Hamburg aufgepasst! Das TOP RADIO Hamburg hat das bisher größte Radio-Projekt Norddeutschlands für Schüler gestartet. Das Projekt heißt: „Schüler machen Programm".

Mitmachen können alle 9. und 10. Klassen aus Hamburg.

Was müsst ihr machen? Ihr müsst ein Programm zu einem Thema zusammenstellen. Das Thema ist egal, wichtig ist, dass ihr es interessant findet und gut präsentiert. Letztes Jahr haben Schüler zu den Themen „Prüfungsangst", „Hurrikans" oder z. B. „Jugendkulturen an unserer Schule" eine Sendung gemacht. Lasst eure Phantasie spielen!

Ganz wichtig ist: Eure Sendung darf nicht länger als 10 Minuten sein … und ihr müsst sie zum 31. Mai ans TOP RADIO Hamburg schicken! Die Adresse findet ihr auf der Webseite. Die besten Sendungen wählt das Radioteam im Juni aus.

Im August findet dann der große Radiotag bei TOP RADIO Hamburg statt. Hier dürfen alle Klassen mitmachen, die eine Sendung vorbereitet haben. Ihr seht dann die Studios und die Räume, wo die Moderatoren arbeiten. Am Abend gibt es dann eine große Party für euch alle!

Für die besten drei Klassen gibt es einen tollen Preis. Sie nehmen in den Herbstferien an einem Medien-Camp teil. Dort erfahren sie dann alles über das Radio-Machen!

Viel Glück!

Hörtext 2

Zur Hilfsaktion der Klasse 10a
Die Klasse 10a an der Beethoven-Schule hat im Politikunterricht über die armen Menschen in Indien gesprochen. Die Schülerinnen und Schüler wollen aber nicht nur darüber sprechen, sie wollen auch etwas tun. Deshalb haben sie sich mehrere Projekte überlegt. Damit wollen sie Geld sammeln für ein Kinder-Projekt in Indien.

Die Schülerinnen und Schüler backen zu Hause Kuchen und verkaufen ihn dann in der Pause. Dann wollen sie aber auch über das Land und die Leute informieren. Dazu gibt es eine Ausstellung mit großen Plakaten und Fotos und vielen, vielen Informationen über das Land.

Am Freitagnachmittag zeigt die Klasse dann noch einen Kurzfilm über Indien. Ihr seid alle recht herzlich eingeladen! Dieses Mini-Kino kostet nur 1€.

Wenn ihr also helfen wollt, dann probiert den Kuchen und schaut euch den interessanten Film an! Das Geld schickt die Klasse dann nach Indien.

Hörtext 3

Zum Zukunftswettbewerb:
Was bedeutet für euch die Zukunft? Welche Wünsche und Träume habt ihr? Glaubt ihr, dass wir in 60 Jahren nicht mehr mit der Bahn fahren, sondern von einem Ort zum anderen fliegen? Glaubt ihr, dass wir in 50–60 Jahren keine Ländergrenzen mehr haben? Oder glaubt ihr, dass wir sogar alle die gleiche Sprache sprechen? Was für Ideen habt ihr dazu? Wie sieht die Welt in 30, 40 oder gar 60 Jahren aus? Schickt eure Ideen als Foto, als Zeichnung, als Comic oder wie auch immer! Wichtig ist nur, dass ihr es selbst machst! Ihr könnt außerdem einen klugen Satz oder kurzen Text dazu schreiben oder eine Collage daraus machen. Lasst eure Fantasie spielen… oder auch eure Ängste…

Wozu das Ganze? Aus euren Ideen werden tolle E-Cards gemacht!

Und die beste Idee könnt ihr auf der großen Jugendmesse „re:spect our future" sehen. Sie ist die am 17. und 18. März in Leipzig.

Von dieser besten Idee gibt es dann auch eine Postkarte – vier mal sechs Meter groß. Die hängt dann in Leipzig und wird später in vielen Städten der Welt gezeigt.

Ihr habt noch zwei Monate Zeit, also ran an die Arbeit! Weitere Informationen findet ihr auf der Homepage: www.zukunft.de

Das war's für heute! Ihr hört uns wieder, wie immer, morgen um 16 Uhr!

Fit in Deutsch 2_Modelltest 1_Hören Teil 2

Du hörst ein Gespräch zwischen zwei Jugendlichen.
Zu dem Gespräch gibt es Aufgaben.
Kreuze an: richtig oder falsch.
Das Gespräch hörst du zweimal.

Beispiel
Simon:	Hallo, hier ist Simon!
Isabel:	Hi Simon, Isabel hier.
Simon:	Alles o. k. bei dir? Du warst heute nicht in der Schule…

Isabel: Hm, es geht so. Ich bin krank.
Simon: Was hast du denn?
Isabel: Kopfschmerzen und ich denke, auch Fieber.
Simon: Oh, dann gute Besserung!

Hörtext 4

Sandra: Jaaaaaaaaa! Moment! Hey Laura! Schön, dass du da bist!
Laura: Hallo Sandra! Entschuldige die Verspätung! Die Straßenbahn ist nicht gekommen, ich musste zu Fuß gehen!
Sandra: Du bist sogar die erste!
Laura: Echt? Das ist bestimmt dieser Schnee. So ein Chaos… Na ja. Die anderen werden es auch irgendwie schaffen.
Sandra: Wollen wir in die Wohnung gehen oder gleich hier draußen feiern und eine Schneeballschlacht machen?
Laura: Boah, nee das ist mir viel zu kalt.
Sandra: Komm rein! Möchtest du etwas trinken?
Laura: Ja, gern! Am besten erst mal einen heißen Tee!
Sandra: O. k., ein Moment!
Laura: Du schau mal! Ich habe dir etwas mitgebracht!
Sandra: Oh, danke, das ist lieb von dir!
Laura: Herzlichen Glückwunsch noch mal! Hier: Pack' gleich aus!
Sandra: Da bin ich aber gespannt … Wow, die sind aber schön! Vielen Dank Laura! Warte, ich probiere sie gleich an!
Laura: Sie stehen dir super! Blau passt ganz toll zu deinen schwarzen Haaren!
Sandra: Vielen Dank!
Laura: Ja, gern geschehen. … Und was hast du sonst noch so bekommen?

Sandra: Stell dir vor, meine Eltern haben mir ein Handy geschenkt!
Laura: Ein Handy?
Sandra: Ja, jetzt habe ich auch eins. Wie alle anderen in der Klasse.
Laura: Das ist doch toll!
Sandra: Na ja, meinst du? Ich find's nicht so toll.
Laura: Warum denn nicht?
Sandra: Ach, ich brauche es nicht. Meine Eltern wollen, dass ich es immer dabei habe. Immer, verstehst du? Sie wollen mich überall erreichen. In der Schule, im Bus, im Kino, überall! Das ist doch reine Kontrolle!
Laura: Mensch, Sandra, das siehst du falsch. Deine Eltern rufen dich vielleicht mal an, na und? Sie wollen dich sicherlich nicht kontrollieren, sie haben vielleicht ein bisschen Angst um dich.

Das ist alles. … Aber dafür kannst du mit deinen Freunden telefonieren und SMS schreiben!
Sandra: Na ja, ich weiß nicht. Das ist ja auch recht teuer.
Laura: Ja, stimmt schon. Ich gebe mindestens 25 € für mein Handy aus! Monatlich! Musst du es denn von deinem Taschengeld bezahlen?
Sandra: Ja, aber dafür bekomme ich jetzt etwas mehr Taschengeld.
Laura: Das ist doch klasse. Glaub mir, so ein Handy ist echt klasse!
Sandra: Wenn mich meine Eltern in Ruhe lassen, dann ja! Sag mal, wo sind denn die anderen? Bald ist es acht und die sind immer noch nicht da!
Laura: Wie viele wollen denn noch kommen?
Sandra: Fünf.
Laura: Die kommen schon. Keine Angst! Oder wir feiern beide allein.
Sandra: Gute Idee! Auch nicht schlecht!
Sandra: Nee, doch nicht!

Fit in Deutsch 2 · Modelltest 2

Fit in Deutsch 2_Modelltest 2_Hören Teil 1

Du hörst drei Mitteilungen für Jugendliche im Radio. Zu jeder Mitteilung gibt es Aufgaben.
Kreuze an: Ⓐ, Ⓑ oder Ⓒ.
Du hörst jede Mitteilung zweimal.

Beispiel
Hallo, hier ist Tom von Radio „Wir von hier" aus Frankfurt mit Informationen für alle jungen Leute in und um Frankfurt.
Einleitung
Drei Themen erwarten euch heute. Nummer 1: ein Kulturabend in Frankfurt. Organisiert wird er von Frankfurter Schülern.
Das zweite Thema: Der „Kauf-Nix-Tag", was ist denn das? Und woher kommt die Idee? Unser letztes Thema: Für alle, die gern Sprachen lernen, gibt es ganz tolles Projekt, den „Language-Train". Dazu haben wir ein paar interessante Infos. Also viel Spaß!

Hörtext 1

So unser erstes Thema: Der Kulturabend in Frankfurt. Die „Kulturwoche Frankfurter Schüler" sucht für einen Kulturabend interessierte Schüler! Er soll am Ende des Schuljahres, irgendwann im Juli, stattfinden. Wollt ihr mitmachen? Steht ihr gern auf der Bühne? Erzählt ihr gern Witze, möchtet ihr Gedichte vortragen, ein Lied singen oder sogar ein kleines Theaterstück auf-

führen? Dann solltet ihr euch für den Kulturabend anmelden! Wichtig ist, dass ihr Schüler
oder Schülerinnen an einer Schule in Frankfurt
seid. Eure Fahrtkosten und das Essen am Abend
bezahlen die Leute von der Kulturwoche.
Für die Besten gibt es Preise im Wert von 200 €!
Der erste Preis ist sogar eine Reise in die Kultur-
hauptstadt Europas, nach Paris!
Ihr habt auch noch etwas Zeit. Schickt das ausge-
füllte Formular, ein Foto von euch und eine Kas-
sette oder CD mit eurem Programmvorschlag bis
zum 15. Mai an die Kulturwoche Frankfurter
Schüler! Das Formular und weitere Informationen findet ihr auf der Internetseite: www.kultur-
abend-frankfurt.de

Hörtext 2

49 Zum Thema „Kauf-Nix-Tag"
Ein Tag ohne Fernseher oder ohne etwas Süßes,
ohne Handy oder sogar ein Tag ohne Computer-
spiele! Es geht auch ohne!
Vielleicht auch ein Tag ohne Einkaufen? Dafür
gibt es sogar auf der ganzen Welt einen Tag, den
„Buy-Nothing-Day". Auf Deutsch heißt das:
„Kauf-Nix-Tag".
Denkt doch einmal genau darüber nach: Was ist
für euch wichtig und was nicht? Kauft ihr
manchmal auch nur so aus Spaß ein? Das ist das
Ziel der Aktion, dass ihr da mal nachdenkt.
Die Idee vom Kauf-Nix-Tag ist nicht neu. Am
25. November 1973 war der erste „autofreie
Sonntag". An dem Tag sollten keine Autos fah-
ren. Die Straßen waren nur für die Menschen da.
Zu Fuß, auf Rollschuhen oder auf dem Fahrrad.
Seit dem gibt es immer wieder mal autofreie
Sonntage.
Einen Tag ohne... Es gibt vieles, was wir nicht
brauchen. Jeder kann das bei sich selbst auspro-
bieren. An solchen Tagen wie dem 27. Novem-
ber, dem Kauf-Nix-Tag, oder an jedem anderen
Tag im Jahr.

Hörtext 3

50 Zum Thema: „Language-Train"
Junge Leute, die mehr über Kulturen und Sprachen in Europa wissen wollen, können seit dem
1. April beim Language-Train mitmachen.
Language-Train ist ein europäisches Fremdspra-
chen-Spiel quer durch Europa.
Die Jugendlichen sind zwischen 16 und 21 Jahre
alt und kommen aus verschiedenen europäischen Ländern. Sie nehmen zunächst an der ersten Runde von Language-Train teil. Dabei können sie acht Wochen lang auf der
Online-Plattform im Internet 70 Fragen über
Land und Leute in Europa beantworten. Die Fragen gibt es in Englisch, Französisch, Deutsch,
Italienisch und Niederländisch.
Die fünf besten Spieler aus jedem Land gewinnen eine Reise von Prag nach Amsterdam in den

Sommerferien. Auch hier müssen die Schüler
dann wieder Aufgaben lösen, wie z.B.: Wer inter-
viewt die meisten Franzosen in Frankfurt?
Die Ergebnisse könnt ihr im Radio YOU-2 hören
und auf der Homepage you2.de ab September
sehen und lesen.
Das war's schon wieder, ihr hört uns nächste
Woche Montag wieder! Schönes Wochenende!

Fit in Deutsch 2_Modelltest 2_Hören Teil 2

Du hörst ein Gespräch zwischen zwei Jugend-
lichen.
Zu dem Gespräch gibt es Aufgaben.
Kreuze an: richtig oder falsch.
Das Gespräch hörst du zweimal.

Beispiel
51 Sophie: Hallo Lena!
Lena: Hi Sophie!
Sophie: Du Lena ... Ich gehe heute Abend
          zum Sport. Kommst du mit?
Lena: Nein, leider habe ich keine Zeit. Ich
          muss Mathe lernen.
Sophie: Und morgen Abend?
Lena: Morgen Abend? Hmm... Ich weiß es
          noch nicht.

Hörtext 4

52 Nicholas: Hi Dirk, Entschuldigung für die Ver-
          spätung!
Dirk: Hi Nicholas, kein Problem. Ich hatte
          sowieso etwas zu tun.
Nicholas: Was machst du denn da? Du lernst für
          den Mathetest? Ich dachte, du
          schmückst schon den Raum für die
          Party!
Dirk: Nein... Party... Erst mal Mathe-
          Stress... Ich hab keine Ahnung von
          Mathe... So ein Mist!
Nicholas: Ich denke, ich fange damit erst am
          Wochenende an. Meine Familie ist
          weg, ... dann kann ich in aller Ruhe
          lernen.
Dirk: Na, ja. Und ich... Ich habe auch noch
          Familien-Stress. Meine Oma hat am
          Samstag ihren 80. Geburtstag...
Nicholas: Omas Geburtstag ist immerhin besser
          als Mathe. Aber egal. So. Was müssen
          wir jetzt alles besprechen?
Dirk: Alles. Ich schlage vor, dass wir erst
          mal sammeln.
Nicholas: Gut. Gibst du mir bitte ein Blatt? Ich
          schreib alles auf.
Dirk: O.k. Also. Wir brauchen Musik, Essen,
          Getränke, einen Raum...
Nicholas: ... Plakate, Einladungen...
Dirk: Ich denke, Einladungen sind nicht
          nötig.

Anhang

Wir machen ein Plakat, am besten recht bunt und das muss genug sein. Oder?

Nicholas: Ja, das stimmt. Noch etwas?

Dirk: Keine Ahnung. Ich denke, das ist alles.

Nicholas: Gut. Essen und Getränke. Weißt du, wie viele kommen?

Dirk: Hmm… Das ist eine gute Frage. Wir sind ja 23 Personen in der Klasse. Einige sind im Skiurlaub…

Nicholas: Genau. Lina, Flo, Janni, Bastin, Steffi und wer noch?

Dirk: Noch jemand… Ja, Andrea. Also sechs Leute sind gar nicht da. Dann kommen circa 17 Personen. Und vielleicht Frau König. Also 18. Wie machen wir das mit dem Essen und den Getränken? Was meinst du?

53 Nicholas: … Hmmmm… Ich habe eine Idee. Jeder bringt etwas mit zum Essen. Dann müssen wir beide nur noch die Getränke kaufen.

Dirk: Ja, gut. Jeder bringt etwas Kleines mit, Kuchen, Kekse, Chips oder so. Und die Getränke kaufen wir ein.

Nicholas: Was meinst du? Was sollen wir an Getränken kaufen?

Dirk: Cola, Orangensaft, Apfelsaft, Wasser… Bier?

Nicholas: Nein, das dürfen wir sicher nicht.

Dirk: O. k., kein Bier.

Nicholas: Und wir bezahlen das vom Klassengeld. Wir haben 50 €.

Dirk: Genau. Haben wir denn schon einen Raum?

Nicholas: Ich hab schon mit dem Hausmeister gesprochen. Aber er hat gesagt, dass der Theaterraum leider schon besetzt ist.

Dirk: Das ist schade! Und warum machen wir's nicht in unserem Klassenraum?

Nicholas: Ich finde ihn nicht so schön. Aber wir können ihn schöner machen!

Dirk: Stimmt. … Also, Essen, Getränke, Raum haben wir. Was fehlt noch? Musik und…

Nicholas: …und das Plakat.

Dirk: Genau. Musik. Wollen wir so richtige Disko-Musik machen?

Nicholas: Ja, oder? Zum Tanzen!

Dirk: Gut. Ich kann die Musik organisieren. Ich hab viele CDs und MP3s auf meinem Computer.

Nicholas: O. k. Dann bleibt nur noch das Plakat. Das mache ich dann heute Abend zu Hause.

Dirk: Gut, und wir können es dann morgen kopieren und aufhängen.

Nicholas: Was schreibe ich denn drauf?

Dirk: Blöde Frage: Ort, Zeit, dass jeder etwas zum Essen mitbringt…

Nicholas: Die Zeit ist … Freitag nächste Woche. Um 19 h, ja?

Dirk: Oh Gott, da ist ja auch der Mathe-Test …

Nicholas: Ach Dirk, mach keinen Stress! Das schaffst du schon … Also, ich mach das Plakat bis morgen fertig, und in der großen Pause hängen wir es dann auf.

Dirk: Gut. Das ist dann alles?

Nicholas: Ich denke ja. … Dann viel Spaß noch beim Lernen! Bis morgen dann.

Dirk: O. k., ciao.

Nicholas: Ciao.

Fit in Deutsch 1

Hören Teil 1 Schritt für Schritt:

2b

Hören Teil 1 Training

1a, 2c, 3b, 4a, 5a, 6a, 7b, 8a

Hören Teil 2 Schritt für Schritt

2 richtig, 3 falsch

Hören Teil 2 Training

1 falsch, 2 richtig, 3 richtig, 4 falsch, 5 richtig,
6 falsch, 7 falsch, 8 falsch, 9 richtig, 10 falsch,
11 falsch, 12 richtig

Lesen Teil 1 Schritt für Schritt

2b, 3c

Lesen Teil 1 Training

Anzeige 1:1b, 2a, 3c; Anzeige 2: 4b, 5a, 6a;
Anzeige 3: 1b, 2b, 3c; Anzeige 4: 4c, 5b, 6b

Lesen Teil 2 Schritt für Schritt

2 falsch, 3 falsch

Lesen Teil 2 Training

Beschreibung 1: 1 falsch, 2 falsch, 3 richtig;
Beschreibung 2: 4 richtig, 5 falsch, 6 falsch;
Beschreibung 3: 1 falsch, 2 falsch, 3 richtig;
Beschreibung 4: 4 falsch, 5 richtig, 6 richtig

Schreiben Schritt für Schritt

1 Unterschrift, 2 Schlusssatz, 3 Einleitung,
4 Gruß, 5 Anrede

Schreiben Training *Lösungsvorschläge:*

E-Mail 1: Hallo Lena, vielen Dank für Deine
E-Mail. Ich suche auch eine Brieffreundin. Ich
heiße Bea, ich bin 16 Jahre alt und wohne in Jena.
Robbie Williams finde ich auch toll. Bald gehe ich
auf sein Konzert! Warst du schon einmal auf
einem Konzert von ihm? Ich freue mich auf Deine
Antwort. Liebe Grüße, Bea
E-Mail 2: Hallo Francois, danke für Deine E-Mail.
Mein Name ist Tim und ich lebe in München. Ich
habe zwei kleine Schwestern. Sie machen viel
kaputt und das finde ich nicht so gut. Aber dann
gehe ich in den Garten und spiele mit meinem

Papa Fußball. Wir haben ein großes Haus. Spielst
du auch gern Fußball? Antworte schnell. Viele
Grüße, Tim
E-Mail 3: Hallo Priti, ich finde Deine E-Mail sehr
nett. Mein Name ist Sally. Ich komme aus Eng-
land, aber jetzt wohne ich in der Nähe von Berlin.
Meine Vater ist Arzt und arbeitet in Berlin. Ich
muss mit der S-Bahn in die Schule fahren. Die
Fahrt ist sehr lange, aber man kann viel sehen.
Mein Lieblingsfach ist Mathe. Was ist dein Lieb-
lingsfach? Bis bald, Sally
E-Mail 4: Hallo Fu Cheng, danke für Deine
E-Mail. Ich heiße Paul und gehe in die 9. Klasse.
Meine Eltern und ich fahren jedes Jahr an die
Ostsee in Urlaub. Es regnet dort aber sehr oft.
Deshalb fahren wir nächstes Jahr nach Italien.
Das ist toll, denn mein Lieblingsessen ist Pizza.
Was isst du gern? Viele Grüße, Paul

Sprechen Teil 2 Schritt für Schritt

S. 37 Jetzt du! Was möchtest du am Abend essen?
Wollen wir am Abend in ein Restaurant gehen?
Isst du gern Pizza mit Schinken? Wo ist meine
Pizza? Kochst du gern? Wann kochst du uns wieder so eine leckere Suppe? Gehst du in den Supermarkt? Wo gibt es hier einen Supermarkt? Isst du
viele gesunde Sachen? Schmeckt dir Lasagne? Was
schmeckt dir nicht?
S. 39: Jetzt du! 1 Supermarkt 2 Pizza 3 schmecken
4 kochen 5 gesund
Jetzt du! *Lösungsvorschlag:*
1 Nein, ich trinke lieber ein Glas Saft am Abend. /
Ja, ich trinke gern grünen Tee.; 2 Ja, ich muss
noch Brot und Milch einkaufen. / Ich habe jetzt
leider keine Zeit.; 3 Danke, aber ich habe keinen
Hunger. / Ich mag keine Pizza.; 4 Die Suppe
schmeckt sehr gut. / Ja, aber sie ist ein bisschen zu
heiß.; 5 Ich koche gern Kartoffelsuppe. / Ich kann
überhaupt nicht kochen.; 6 Gemüse und Obst
sind gesundes Essen. / Salat ist auch sehr gesund.

Sprechen Teil 2 Training *Lösungsvorschläge:*

Thema Kommunikation: Hast du auch eine
E-Mail von Maria bekommen? – Nein, ich habe
keine bekommen.
Wie ist deine E-Mail-Adresse? – Paul123@gmx.de.
Telefonierst du gerade mit Alex? – Nein, mit Jörg.
Wann telefonierst du endlich mit deinem Klavier-
lehrer? – Das mache ich gleich.
Kannst du den Brief für mich abgeben? – Ja, das
kann ich machen.
Wann kommt der Brief in Hamburg an? – Er
kommt morgen an.
Siehst du oft fern? – Nein, nicht so oft.
Wie oft siehst du fern? – Na ja, so eine Stunde
jeden Tag.

Hast du Informationen über die Band heute Abend? – Nein, ich kenne sie auch nicht.

Wo bekomme ich Informationen zu Jugendherbergen? – Such doch im Internet.

Nimmst du das Paket mit zur Post? – Ja, ich muss auch noch einen Brief abgeben.

Für wen ist das Paket? – Für meine Oma. Sie hat Geburtstag.

Thema Person: Bist du schon 13? – Ich bin schon 14!

Wie alt bist du? – Ich bin 15 Jahre alt.

Wohnen Sie schon lange hier? – Ja, schon seit 20 Jahren.

Wo wohnen deine Eltern? – Sie leben in München.

Hast du Geschwister? – Nein, leider nicht.

Wie viele Geschwister hast du? – Ich habe zwei Brüder.

Wie ist deine Telefonnummer? – Meine Telefonnummer ist 23 65 11.

Wo ist das Telefon? – Ich glaube, es ist in der Küche.

Ist dein Land sehr groß? – Nein, es ist nur ganz klein.

Woher kommst du? – Ich komme aus Deutschland.

Was ist dein Traumberuf? – Ich möchte Politiker werden.

Was ist dein Vater von Beruf? – Er ist Hausmann.

Thema Schule: Hört ihr deutsche Musik im Unterricht? – Ja, manchmal bringt unser Lehrer eine CD mit.

Welche Musik hört ihr gern? – Die Musik von Herbert Grönemeyer gefällt uns.

Ist Deutsch dein Lieblingsfach? – Ja, das macht mir sehr viel Spaß.

Was ist dein Lieblingsfach? – Mein Lieblingsfach ist Englisch.

Wann fängt die erste Stunde in Deutschland an? – Sie fängt um 8 Uhr an.

Was machen wir in der nächsten Stunde? – Wir schreiben eine Geschichte.

Magst du deinen Lehrer? – Nein, er ist nicht so nett.

Wie viele Lehrer gibt es an eurer Schule? – Ich glaube, es gibt 40 Lehrer.

Lernst du noch eine andere Sprache? – Ja, ich lerne auch noch Italienisch.

Wie oft lernst du? – Jeden Tag, nur nicht am Wochenende.

Kaufst du dir gern Bücher? – Ja, ich lese sehr viel.

Wo sind deine Bücher? – Sie sind schon im Rucksack.

Thema Reisen: Fährst du mit dem Zug nach Dänemark? – Nein, ich fahre mit dem Auto.

Wann kommt der Zug aus München an? – Um 13:55 Uhr auf Gleis 9.

Haben Sie schon eine Fahrkarte? – Leider noch nicht. Ich muss bei Ihnen noch eine kaufen.

Wo kann ich eine Fahrkarte kaufen? – Leider nur am Automaten.

Fährst du in den Ferien wieder nach Italien? – Nein, ich fahre nach Frankreich.

Wo macht dein Freund Ferien? – Er ist mit seiner Familie in Österreich.

Kommt ihr heute noch an oder erst morgen? – Wir kommen heute an, aber sehr spät.

Wann kommt ihr in Italien an? – Wir sind am 10. Juli da.

Fliegst du gern? – Nein, ich habe immer ein bisschen Angst.

Wohin fliegt das Flugzeug? – Es fliegt nach New York.

Ist das Flugzeug groß? – Ja, es gibt Platz für 200 Leute.

Warum startet das Flugzeug nicht? – Man wartet noch auf eine Person.

Sprechen Teil 3 Schritt für Schritt

S. 43: Jetzt du! 1 Kalender 2 Handy 3 Brot 4 Geschenk

Lösungsvorschlag: Hast du schon einen neuen Kalender? – Nein, noch nicht.

Gibst mir doch bitte dein Handy! – Nein, du machst immer alles kaputt. Tut mir leid.

Für wen das Geschenk? – Das bekommt mein Bruder. Er hat heute Geburtstag.

Isst du gern Brot? – Ja, aber nur, wenn es frisch ist.

Putz doch bitte dein Fenster! – Aber ich habe keine Zeit!

Wie viel kostet der CD-Player? – Er kostet 29 Euro.

S. 45: Jetzt du! 2, 4, 1, 3

Lösungsvorschlag: Heute ist schon Donnerstag. Ein Glück!

Heute ist der 19. September.

Tut mir leid, das Handy brauche ich leider selbst. Aber ich brauche es heute Abend wieder zurück!

Ich schenke ihr eine CD.

Wir machen einen Ausflug! Aber sie weiß das noch nicht.

Oh ja, das esse ich sehr gern!

Nein danke, mein Bauch tut mir weh.

Sprechen Teil 3 Training *Lösungsvorschläge:*

Gib mir bitte den Walkman! – Ich möchte aber jetzt Musik hören.

Trink aus der Tasse! – Es gibt hier aber nur ein Glas.

Warum ist das Fenster offen? – Mir ist so warm.

Kaufst du mir eine Kinokarte? – Ja, welchen Film möchtest du denn sehen?

Kannst du mir deinen Stift geben? – Ich habe leider auch keinen.

Kann ich mit deinem Fahrrad fahren? – Tut mir leid, das ist kaputt.

Wo ist nur mein Handy? – Hier ist es!

Wollen wir mit dem Ball spielen? – Nein, ich habe keine Lust.

Isst du gern Eis? – Ja, ich esse sehr gern Schoko-
ladeneis.
Vergiss bitte den Rucksack nicht! – Nein, ich
denke heute an den Rucksack.
Wo ist dein Rucksack? – Er ist in meinem Zimmer.
Bring mir bitte einen Teller mit Essen mit! – Was
möchtest du denn essen?

Fit in Deutsch 2

Hören Teil 1 Schritt für Schritt

2a, 3c

Hören Teil 1 Training

Mitteilung 1: 1a, 2c, 3b; Mitteilung 2: 4b, 5b, 6c;
Mitteilung 3: 7b, 8a, 9a; Mitteilung 4: 10a, 11a,
12a

Hören Teil 2 Schritt für Schritt

Jetzt du! 6 richtig, 7 richtig, 8 falsch, 9 richtig,
10 falsch, 11 richtig

Hören Teil 2 Training

Gespräch 1: 1 richtig, 2 richtig, 3 falsch, 4 richtig,
5 falsch, 6 richtig, 7 richtig, 8 falsch,
9 richtig, 10 richtig, 11 falsch; Gespräch 2: 1 richtig, 2 falsch, 3 richtig, 4 falsch, 5 richtig, 6 falsch,
7 richtig, 8 falsch, 9 falsch, 10 richtig, 11 falsch;
Gespräch 3: 1 richtig, 2 falsch, 3 falsch, 4 falsch,
5 richtig, 6 richtig, 7 richtig, 8 richtig, 9 falsch,
10 richtig, 11 falsch; Gespräch 4; 1 falsch, 2 richtig, 3 falsch, 4 richtig, 5 richtig, 6 falsch, 7 falsch,
8 richtig, 9 falsch, 10 falsch, 11 richtig

Lesen Teil 1 Schritt für Schritt

Jetzt du! 2c, 3b

Lesen Teil 1 Training

Anzeige 1: 1c, 2c, 3a; Anzeige 2: 4c, 5a, 6b;
Anzeige 3: 1a, 2b, 3b; Anzeige 4: 4c, 5a, 6c

Lesen Teil 2 Schritt für Schritt

Jetzt du! 3 richtig, 4 falsch, 5 falsch

Lesen Teil 2 Training

Leserbrief 1: 1 falsch, 2 falsch, 3 richtig, 4 falsch,
5 richtig; Leserbrief 2: 6 richtig, 7 falsch, 8 falsch,
9 richtig, 10 richtig; Leserbrief 3: 1 falsch, 2 richtig, 3 falsch, 4 richtig, 5 richtig; Leserbrief 4:
6 falsch, 7 richtig, 8 richtig, 9 richtig, 10 falsch

Lesen Teil 3 Schritt für Schritt

Jetzt du! 2 Tiere, Tier- und Naturschutz. 3 Ein
halbes Jahr. 4 Kinder und Jugendliche von 6 bis
13 Jahren. 5 Am Wochenende. / Samstag und
Sonntag.

Lesen Teil 3 Training

Artikel 1: 1 Seit 1. Oktober 2005. 2 Sich als Zaube-
rer verkleidet und Zauberpartys gefeiert. 3 In der
Nacht zum 1. Oktober um 00:01 Uhr. 4 Die Deutsche Post.; Artikel 2: 1 Seit fünf Jahren. 2 Fünf bis
sechs Stunden. 3 Am Donnerstag. 4 Mit seiner
Familie.; Artikel 3: 1 Geheiratet. 2 In einem
Ferienpark am Ozean. 3 Anja und ihre Brüder.
4 Über die große Liebe und zweite Hochzeit der
Eltern geschrieben; Artikel 4: 1 Simpel und logisch. 2 Heißen Klebstoff und Nudeln. 3 Ein
halbes Jahr lang. 4 1,6 Kilogramm schwer und
trägt über 17 Kilogramm.

Fit in Deutsch 2 Schreiben Schritt für Schritt

Jetzt du! 2 Seit zwei Jahren lerne ich schon
Deutsch. Es ist auch mein Lieblingsfach. Deshalb
freue ich mich natürlich sehr über deine Anzeige.
Ich bin froh, dass ich eine deutsche Brieffreundin
haben kann.
3 Ich habe noch einen Brieffreund in England.
Sein Name ist Johnny. Er ist sehr nett. Wir können
uns alle drei vielleicht einmal in Bukarest treffen.
4 Zweimal pro Monat könnte ich dir einen Brief
schreiben. Passt dir das? Öfter kann ich leider
nicht, weil ich auch noch in die Schule gehen
muss.
Lösungsvorschlag: Liebe Julia,
gern möchte ich Dir schreiben. Mein Name ist
Mihai. Ich bin 14 Jahre alt und besuche ein Gymnasium in Bukarest. In der Freizeit fahre ich gern
Ski oder ich gehe auf Partys. Außerdem mag ich
auch Fremdsprachen.
Ich schreibe, so wie Du, für unsere Schülerzeitung.
Besonders freue ich mich, wenn ich Interviews
machen darf. Dann spreche ich mit Schülern,
Lehrern, manchmal auch mit Popstars. Das finde
ich natürlich immer sehr aufregend.
Seit zwei Jahren lerne ich schon Deutsch. Das ist
auch mein Lieblingsfach. Deshalb freue ich mich
natürlich sehr über Deine Anzeige. Ich bin froh,
dass ich eine deutsche Brieffreundin haben kann.
Ich habe noch einen Brieffreund in England. Sein
Name ist Johnny. Er ist sehr nett. Wir können uns
vielleicht einmal alle drei in Bukarest treffen.
Zweimal pro Monat könnte ich Dir schreiben.
Passt dir das? Öfter kann ich leider nicht, weil ich
auch in die Schule gehen muss.:)
Ich hoffe, Du antwortest bald.
Liebe Grüße
Mihai

Schreiben Training *Lösungsvorschläge:*

Anzeige 1: Hallo Leute, euer Projekt finde ich toll. Mein Name ist Phil, ich bin 17 Jahre alt und komme aus England. Meine Hobbys sind Gitarre und Fußball spielen, aber vor allem schreibe ich gern Geschichten. Ich spreche Französisch und Deutsch und im Moment mache ich einen Sprachkurs in München. Deutsch macht mir sehr viel Spaß. Ich bin noch vier Wochen in München und habe immer Dienstag- und Freitagnachmittag Zeit. Natürlich auch am Wochenende. Ich möchte gern als Reporter für „Infakt" arbeiten. Ich warte auf Antwort von euch. Bis bald! Tschüs, Phil

Anzeige 2: Hallo Gerald, gern möchte ich euch meine Heimatstadt Prag zeigen. Ich heiße Pavel und ich bin 15 Jahre alt. In meiner Freizeit treibe ich viel Sport und treffe mich mit meinen Freunden. Vor einem Jahr bin ich in Köln gewesen. Dort hat es mir gut gefallen. Ich bin auch schon einmal in Österreich gewesen. Wenn ihr nach Prag kommt, zeige ich euch die Karlsbrücke, den Wenzelsplatz und die Burg. Ich kann euch an der Jugendherberge abholen, wenn Ihr in Prag ankommt. Antwortet mir bitte bald! Bis dann, Pavel

Anzeige 3: Hallo, euer Projekt finde ich sehr interessant. Ich heiße Rui Wu und komme aus China. Ich gehe in die 11. Klasse. Leider habe ich nicht viel Zeit für Hobbys, weil ich meiner Mutter zu Hause helfen muss. Ich habe dreimal in der Woche Deutsch in der Schule. Außerdem habe ich viele deutsche Freundinnen. Zuerst habe ich noch viele Fehler gemacht, aber jetzt spreche ich schon sehr gut. Man muss deutsche Bücher und Zeitungen lesen und außerdem ist es wichtig, dass man immer auf Deutsch spricht. Ich freue mich auf euer Projekt. Viele Grüße, Rui Wu

Anzeige 4: Hallo Judith, ich möchte euch gern helfen. Mein Name ist Lisa, ich bin 15 Jahre alt und besuche einen Sprachkurs hier in München. Ich spiele Gitarre und möchte gern mit den Kindern singen. Außerdem lese ich sehr gern Geschichten vor. Vielleicht kann man auch ein paar Spiele mit den Kindern spielen. Ich habe jeden Nachmittag Zeit, denn der Sprachkurs findet nur am Vormittag statt. Ich freue mich schon. Herzliche Grüße, Lisa

Sprechen Teil 2 Schritt für Schritt

S. 83: Jetzt du! 1 Was … Zum Frühstück trinke ich eine Tasse Tee. **2** Wie lange … In der Woche dauert mein Frühstück 10 Minuten und am Wochenende eine halbe Stunde. **3** Wer … In meiner Familie kocht jeder einmal. **4** Wie viel … Vier Scheiben Brot esse ich am Tag. **5** Wann … Zum Mittag esse ich Spaghetti. Ich esse um 12.30 Uhr in der Mensa. **6** Mit wem … Ich kaufe oft mit meiner Großmutter ein. **7** Wo … Frisches Gemüse kaufe ich gern auf dem Markt.

Andere Fragen zum Thema Essen und Trinken
Was ist dein Lieblingsessen? Warum isst du kein Fleisch? Wie viel Liter trinkst du am Tag? Welcher Käse schmeckt dir gut? Wie oft isst du in der Woche zusammen mit deiner Familie? Was kochst du heute Abend? Wann ist der Kuchen fertig?

S. 84 Jetzt du! 1 Frischen Orangensaft. **2** Mindestens 15 Minuten. **3** Meine Großmutter und manchmal mein Vater. **4** Ich esse wenig Brot, vielleicht 3–4 Scheiben. **5** Um 14 Uhr. **6** Mit meiner Mutter und meiner Schwester. **7** Auf dem Markt, meistens dienstags.

Sprechen Teil 2 Training *Lösungsvorschläge:*

Thema Tagesablauf: Wann stehst du morgens auf? – Um halb sieben.
Wohin gehst du am Wochenende zum Abendessen? – In ein italienisches Restaurant.
Wo kauft dein Vater die Zeitung am Morgen? – Am Bahnhof.
Wie oft triffst du deine Freunde nach dem Unterricht? – Jeden Tag.
Was machst du nach dem Abendessen? – Ich spiele mit meinem Bruder.
Wer bringt dich in die Schule? – Niemand, ich fahre mir dem Fahrrad.
Mit wem frühstückst du immer? – Mit meiner Familie.
Wie lange brauchst du zur Schule? – Na ja, so 20 Minuten.

Thema Reisen: Wohin fahrt ihr nächstes Jahr in Urlaub? – Wir fliegen nach Australien.
Wie lange wollt ihr verreisen? – Wir fahren für zwei Wochen weg.
Wer hat auf euren Hund aufgepasst? – Unsere Nachbarn.
Was hat dir im Urlaub am besten gefallen? – Das Meer fand ich ganz toll.
Wann seid ihr zurückgekommen? – Wir sind erst gestern Abend zurückgekommen.
Wie oft warst du schon in Frankreich? – Ich war schon dreimal in Frankreich.
Wie ist das Wetter in Spanien? – Es ist sehr warm.
Mit wem bist du nach München gefahren? – Mit meiner Freundin.

Thema Internet: Wie oft sitzt du am Tag vor dem Computer? – Ungefähr zwei Stunden.
Wann hast du das letzte Mal mit deinem Freund in China gechattet? – Heute morgen.
Wo finde ich Informationen zum Kinoprogramm? – Auf der Seite www.kino.de.
Warum kannst du deine E-Mails nicht später lesen? – Es ist eine sehr wichtige dabei.
Was stand denn in der E-Mail? – Das kann ich dir nicht sagen.
Wie lange willst du noch im Internet sein? – Nicht mehr lange.
Woher hast du seine E-Mail-Adresse? – Er hat sie mir vorgestern gegeben.

Wer erklärt mir, wie das Internet funktioniert? –
Frag Martin. Der weiß alles.

Sprechen Teil 3 Schritt für Schritt

Jetzt du! 5, 1, 4, 2, 6, 3

Sprechen Teil 3 Training

Lösungsvorschlag: Das ist aber ein tolles Geschenk!
Danke!
Kann ich bei Ihnen auch in Euro bezahlen?
Was möchtest du gern essen?
Herzlichen Glückwunsch zum Geburtstag!
Kommst du am Samstag mit zum Jazzkonzert?
Kann ich noch schnell eine Karte für den Film um
acht Uhr kaufen?
Warum willst du nicht mit ins Freibad kommen?
Es ist doch so warm!
Entschuldigung, wie komme ich zum Zoo?
Können Sie uns bitte die Speisekarte bringen?
Deine Frisur gefällt mir sehr gut!
Lasst uns heute Abend das Fußballspiel sehen!
Ich hätte gern ein Kilo Bananen!

Fit für Fit in Deutsch 1 Modelltest

Hören Teil 1

1b, 2a, 3b, 4c, 5b, 6a

Hören Teil 2

7 falsch, 8 falsch, 9 richtig, 10 falsch, 11 richtig,
12 falsch

Lesen Teil 1

Anzeige 1: 1b, 2a, 3a; Anzeige 2: 4c, 5a, 6b

Lesen Teil 2

Beschreibung 1: 7 richtig, 8 falsch, 9 falsch;
Beschreibung 2: 10 richtig, 11 richtig, 12 falsch

Schreiben Teil 1 *Lösungsvorschläge:*

Hallo Antonio, danke für Deine E-Mail. Mein
Name ist Julia, ich bin 15 Jahre alt und gehe in die
9. Klasse. Ich mache nicht so gern Sport, aber ich
fahre jeden Morgen mit dem Fahrrad in die Schule. Nach der Schule habe ich zweimal in der
Woche Klavierunterricht. Nächste Woche darf ich
bei einem Konzert in unserer Stadt mitmachen
und ich muss jetzt viel üben. Spielst Du ein
Musikinstrument? Bis bald, Julia

Sprechen Teil 2

Thema Freizeit: Müssen Sie manchmal auch am
Abend arbeiten? – Nein, nur ganz selten.
Welchen Sport machst du? – Ich reite sehr gern.
Gehst du in deiner Freizeit gern zu einem Kon-
zert? – Ja, manchmal mit meinen Freunden.
Wollen wir am Wochenende zusammen an den
Strand gehen? – Ja gern, um wie viel Uhr?
Gehen wir ins Kino? – Ja gern, was möchtest du
anschauen?
Wann sind endlich Ferien? – In zwei Wochen.
Thema Einkaufen: Wo kaufst du Obst ein? – Auf
dem Markt, manchmal auch im Supermarkt.
Gibt es einen Supermarkt hier? – Ja, gleich hier.
Gehst du am Samstag auf den Markt? – Nein,
diesen Samstag habe ich keine Zeit.
Fährst du mit dem Fahrrad einkaufen? – Nein, ich
gehe zu Fuß.
Gehst du oft allein einkaufen? – Ja, immer.
Kaufst du gern Kleidung? – Nein, das ist so lang-
weilig.

Sprechen Teil 3

Kannst du bitte ans Telefon gehen? – Nein, tut
mir leid, ich esse gerade.
Welcher Tag ist heute? – Heute ist der 5. Septem-
ber.
Es ist kalt! Du brauchst einen Pullover! – Ich trage
aber schon einen.
Wo liegt Deutschland? – Deutschland liegt in
Europa.
Wo ist nur mein Radiergummi? – Ich glaube, er
liegt auf dem Tisch.
Kann ich bitte ein Glas Saft haben? – Ja gern. Es
gibt aber leider nur Apfelsaft.

Fit für Fit in Deutsch 2 Modelltest 1

Hören Teil 1

1a, 2c, 3b, 4b, 5a, 6a, 7c, 8b, 9b

Hören Teil 2

10 richtig, 11 falsch, 12 falsch, 13 richtig,
14 falsch, 15 richtig, 16 richtig, 17 falsch,
18 richtig, 19 richtig, 20 falsch

Lesen Teil 1

Anzeige 1: 1a, 2c, 3a; Anzeige 2: 4a, 5b, 6b

Lesen Teil 2

Leserbrief 1: 7 richtig, 8 richtig, 9 falsch,
10 falsch, 11 falsch; Leserbrief 2: 12 falsch,
13 falsch, 14 richtig, 15 richtig, 16 falsch

Anhang

Lesen Teil 3

17 In einem Betrieb oder einer Firma. **18** Beim Radio. **19** Eine eigene Radiosendung produziert. **20** Dass man verschiedene Berufe besser kennenlernen kann.

Schreiben *Lösungsvorschlag:*

Hallo Tony, ich finde Deine Anzeige interessant. Mein Name ist Katharina, ich komme aus Russland und gehe in die 7. Klasse. Seit zwei Jahren bin ich schon in Deutschland. Mein Vater arbeitet als Fotograf und ich bin oft bei ihm, wenn er arbeitet. Dann darf ich auch selbst fotografieren. Besonders gern fotografiere ich Häuser, aber auch im Park kann man viele interessante Ecken finden. Deswegen möchte ich bei eurem Projekt mitmachen. Ich kann Dich am Mittwoch um 14 Uhr vor der Kirche treffen. Bis dann, Katharina

Sprechen Teil 2 *Lösungsvorschläge:*

Thema: Sprachen lernen: Wann hast du deine erste Fremdsprache gelernt? – Mit sieben Jahren in der Grundschule.
Wie zufrieden bist du mit deinem Deutschlehrer? – Sehr zufrieden. Er ist noch jung und hat tolle Ideen!
Wo lernst du Deutsch? – Am Goethe-Institut.
Mit wem sprichst du Deutsch? – Mit meinen Freunden und mit dem Lehrer.
Wie lange hast du Italienisch gelernt? – Nur ein Jahr.
Wie oft liest du eine deutsche Zeitung? – Ich lese sie jeden Tag.
Was gefällt dir am besten im Unterricht? – Ich spreche am liebsten mit den Mitschülern.
Bei wem hast du am liebsten Unterricht, bei Frau Müller oder Herrn Stark? – Bei Herrn Stark.
Thema: Lieblingstier: Was ist dein Lieblingstier? – Ein Hund. Ich habe auch einen zu Hause.
Wo schläft dein Hund? – Er schläft im Wohnzimmer.
Seit wann habt ihr eine Katze? – Seit einer Woche. Ich habe sie geschenkt bekommen.
Wie sieht deine Katze aus? – Sie ist weiß und hat schwarze Ohren.
Wie viele Haustiere hast du? – Ich habe einen Hund und eine Maus.
Warum hast du kein Haustier? – Ich habe keine Zeit.
Mit wem gehst du mit dem Hund spazieren? – Mit meinem Freund.
Wie oft gehst du mit dem Hund spazieren? – Dreimal am Tag.

Sprechen Teil 3 *Lösungsvorschlag:*

Was machst du am Wochenende? Hast du Lust auf einen Ausflug?
Tut mir sehr leid, ich habe Sie nicht gesehen. Ich habe es sehr eilig.
Die neue CD von Trixi Stein ist echt gut. Haben Sie die hier im Laden?
Entschuldigung, wie kommen wir von hier zum Flughafen?
Hallo, ich hätte gern ein Eis, bitte!
Hier ist Baden verboten! Sie dürfen nicht im Wasser schwimmen!

Fit für Fit in Deutsch 2 Modelltest 2

Hören Teil 1

1b, 2c, 3b, 4c, 5b, 6c, 7c, 8b, 9b

Hören Teil 2

10 falsch, **11** richtig, **12** richtig, **13** falsch, **14** falsch, **15** falsch, **16** richtig, **17** falsch, **18** richtig, **19** falsch, **20** richtig

Lesen Teil 1

Anzeige 1: 1b, 2c, 3c; Anzeige 2: 4a, 5c, 6c

Lesen Teil 2

Leserbrief 1: **7** falsch, **8** richtig, **9** richtig, **10** richtig, **11** falsch; Leserbrief 2: **12** richtig, **13** falsch, **14** richtig, **15** falsch, **16** falsch

Lesen Teil 3

17 Es gibt mehr Hausaufgaben. **18** Deutsch sprechen. **19** Basketball spielen und im Schultheater spielen, in der Stadt unterwegs sein. **20** Lange Sommerferien.

Schreiben *Lösungsvorschlag:*

Hallo, ich finde eure Idee sehr interessant. Mein Name ist Paolo und ich komme aus Mexiko. Ich bin 14 Jahre alt. Seit fünf Jahren spiele ich Volleyball. Aber ich habe auch noch andere Hobbys, nämlich kochen und backen. Meine Großmutter hat mir viel gezeigt und immer, wenn ich sie besuche, kochen wir etwas. Ich esse am liebsten Kartoffelbrot, aber nur bei meiner Großmutter, denn sie backt es am besten. Am Kurs möchte ich gern im Herbst teilnehmen. Wir können dann viele Rezepte von meiner Großmutter kochen! Bis bald, Paolo

Sprechen Teil 2 *Lösungsvorschlag:*

Wann gehst du immer schwimmen? – Jeden Dienstag- und Freitagnachmittag.
Wohin fährst du mit dem Fahrrad? – In den Park und dann an den Fluss.
Wie lange reitest du schon? – Seit fünf Jahren und es macht mir sehr viel Spaß.
Mit wem joggst du heute Abend? – Mit einem Freund aus meiner Klasse.
Was ist dein Lieblingshobby? – Am liebsten spiele ich Tennis.
Wie oft gewinnt euer Fußballteam? – Wir gewinnen jedes Spiel. Wir sind das beste Team.
Warum hast du keine Hobbys? – Ich habe keine Zeit und bin auch zu faul.
Wo kann man hier Basketball spielen? – Da vorn gibt es einen Platz.

Wann wollt ihr dieses Jahr in Urlaub fahren?
– Wir wissen es noch nicht.
Wohin seid ihr im letzten Jahr gefahren? – Da waren wir in Italien am Meer.
Wie lange bleiben deine Eltern noch in England?
– Sie kommen schon morgen wieder.
Mit wem ist dein Bruder an den Strand gegangen?
– Mit seinen Freunden.

Was kann man im Hotel alles machen? – Sie können schwimmen gehen, Volleyball spielen und abends zeigen wir immer einen Film.
Wie komme ich am besten zum Flughafen? – Ich rufe Ihnen ein Taxi, das geht am schnellsten.
Warum haben Sie denn keine Zimmer mehr frei?
– Es findet heute eine große Hochzeit hier statt, tut mir leid.
Wo kann ich denn dann ein Zimmer finden?
– Auf der anderen Straßenseite gibt es noch ein Hotel. Fragen Sie bitte dort nach.

Sprechen Teil 3 *Lösungsvorschlag:*

Ich habe kein Geld mehr. Kannst du mir bitte etwas leihen?
Warum steigst du nicht in den Aufzug? Hast du Angst?
Ich möchte gern eine Karte für „Sonnenallee".
Hallo Susi. Vielen Dank für deine Karte zu meinem Geburtstag. Ich habe mich sehr gefreut.
Welche Musik hörst du denn am liebsten? Hip Hop oder Rap?
Kann ich hier mit meiner EC-Karte bezahlen?